JN317375

《愛知大学東亜同文書院大学記念センターシリーズ》

鳥居観音所蔵 水野梅暁写真集

仏教を通じた日中提携の模索

広中一成・長谷川怜・松下佐知子 編著
HIRONAKA Issei・HASEGAWA Rei・MATSUSHITA Sachiko

社会評論社

青松寺前における集合写真（1-01）

長沙の碩学と水野（1-08）

神戸祥福寺における水野、太虚ほか（1-30）

日本総持寺陳英士先生追悼会写真（2-01）

黄興遺体（2-04）

孫文、水野、頭山ほか集合写真（2-15）

『支那時報』創刊3周年記念祝賀会（2-50）

内藤湖南、岡部長景、水野ほか集合写真（3-06）

日満文化協会発足時における関係者集合写真（4-01）

鶴見総持寺における溥儀真影・真筆贈呈式（4-13）

張善孖、張大千、水野ほか集合写真 (5-25)

呉昌碩歓迎会 (5-31)

水野梅曉ゆかりの地の現在　＊全て 2015 年撮影

湖南省長沙市 開福寺
開福寺山門は当時とほぼ同じ姿で残っている（1-14 参照）

湖南省長沙市 開福寺
境内内の建物の多くは改修・新築されているが清朝時代の建築も残る。

浙江省寧波市 天童寺
水野の最初の訪問は 1902 年で、滞在記である『天童小誌』を出版した。

浙江省寧波市 阿育王寺
1926 年の訪華仏教団において阿育王寺の訪問が行われている（1-50）

（上）**上海市　静安寺**
上海の中心部にある静安寺は全域が建て替えられ当時の面影はない（1-41）

（左）**上海市　梓園**
梓園は上海の実業家である王一亭の故居。現在も住居として使われている。

水野梅曉写真集 ● 目次

まえがき …10

総 説 …11

第1章　**水野梅曉と仏教**　…16

第2章　**水野梅曉と中国革命**　…58

第3章　**水野梅曉と中国外交**　…114

第4章　**水野梅曉と満洲**　…136

第5章　**水野梅曉と中国人脈**　…160

人物索引 …177
掲載写真一覧 …180
参考文献一覧 …189
あとがき …190

コラム
① 水野梅曉と上海東亜同文書院「大旅行」　…26
② 関東大震災と中華民国　…28
③ 水野梅曉と藤井草宣―揺るぎない師弟関係に暗い影を落とす「戦争」　…54
④ 「革命家」としての殷汝耕―漢奸ではない新たな側面　…110
⑤ 「対支文化事業」　…134
⑥ 「水野氏の殊勲」―水野梅曉の満洲語大蔵経"発見"　…148
⑦ 新聞紙上の水野梅曉　…151
⑧ 水野梅曉と鳥居観音　…158

まえがき

愛知大学東亜同文書院大学記念センター長　三好　章

　愛知大学には、前身の大きなひとつに東亜同文書院大学があります。東亜同文書院大学は、1945年8月まで中国上海にあった日本の大学でした。

　東亜同文書院は、1901年、日中提携の人材育成を目的に、近衛篤麿を会長とする東亜同文会によって設立され、初代院長根津一以来、教員学生ともども、清末・民国期の中国と深く関わってきました。書院学生による「卒業大旅行」では、中国はいうにおよばず、東南アジアからシベリアまで足を運び、自らの目で現場を見、手を動かし、資料を収集してきました。それは『支那省別全誌』などに結実しました。書院の中国研究は、中国に即した中国理解を基本とするものでした。

　現在、愛知大学に設けられている東亜同文書院大学記念センターは、そうした東亜同文書院と近代中国、近代日中関係を再考し、愛知大学と東亜同文書院、さらには戦前の在外高等教育機関を総合的に研究し、紹介することを目的としております。

　このたび、東亜同文書院シリーズの一巻として、『鳥居観音所蔵　水野梅暁写真集 ― 仏教を通じた日中提携の模索』を刊行致しました。本書は、愛知大学東亜同文書院大学記念センターによる文部科学省私立大学戦略的研究基盤形成支援事業「東亜同文書院を軸とした近代日中関係史の新たな構築」研究プロジェクトの成果の一つです。水野梅暁は、東亜同文書院最初期の学生であり、書院の活動とも密接に関わっております。本書を通じて、東亜同文書院と近代日中関係に関心を持たれる方が増えることを念じております。

2016年3月25日

総　説

水野梅暁(ばいぎょう)関係写真と鳥居観音

　奥武蔵の山あいにある埼玉県飯能市名栗の白雲山鳥居観音は、埼玉新聞の「21世紀に残したい、埼玉・ふるさと自慢100選」に選ばれた風光明媚な観光地として毎年多くの参拝客が訪れる。およそ30ヘクタールに及ぶ広大な敷地には、シンボルの巨大な「救世観音像」が建ち、本堂や山門のほか、『西遊記』の物語で知られる玄奘三蔵の霊骨を祀った「玄奘三蔵塔」が配されている。

　鳥居観音を開いた平沼彌太郎は、飯能銀行会長や埼玉銀行（現埼玉りそな銀行）初代頭取を歴任した銀行家で、終戦間もない1947年（昭和22年）には自由党から参議院議員に当選し、大蔵委員長を務めた。

　一方で、平沼は彫刻家としても知られ、数多くの仏像彫刻を世に残した。現在、鳥居観音本堂に安置されている「七観世音菩薩」や、大黒天などの仏像は、ほとんどが平沼の作品である。また、本堂脇にある鳥居文庫にも平沼が彫った仏像が展示されている。それら作品とともに、鳥居文庫には、平沼と親交のあった僧侶、水野梅暁の遺品が大切に保管されている。

　水野梅暁と平沼彌太郎との関係は、1935年（昭和10年）5月11日に脳溢血で倒れた水野が、同年夏、主治医柳川華吉の妻の実家である平沼家で療養したことに始まった。太平洋戦争末期、東京が米軍機の空襲にさらされると、平沼は東京市麴町区下六番町（現在の東京都千代田区）にあった水野の自宅から、家財道具一式と水野が中国での活動で手に入れた品々を平沼の実家である入間郡名栗村に疎開させた。鳥居文庫にある水野の遺品は、このとき平沼家に持ち込まれた。

　水野の遺品のなかには、水野が中国の要人から贈られた書幅や絵画をはじめ、歴史的に貴重な品々が数多くある。とりわけ、およそ800点にのぼる大量の写真には、孫文や黄興といった中国の革命家から、太虚や王一亭など仏教者、犬養毅や頭山満ら、近代日中関係を代表する人物の姿が写されており、史料的価値は極めて高い。

水野梅暁の事績

　水野梅暁とはいかなる人物であろうか。水野は1878年（明治11年）、広島県深安郡福山町（現在の福山市）で旧福山藩士金谷俊三・マツの四男として生まれ幼名を善吉と称した。後に法雲寺住職の水野桂巌の養子となった。幼い頃から仏教への信仰が厚く13歳で出家した。一時、哲学館で学んだ後、京都の臨済宗高桐院で得度した水野は、1901年（明治34年）、師と仰ぐ上海東亜同文書院院長の根津一の計らいで上海に渡り、中国での活動を開始した。

　その後、水野は湖南省長沙に僧学堂および現地の僧・学者などとの交流施設である雲鶴軒を設立し曹洞宗開教師として日本仏教の中国布教権問題に取り組んだ。その過程で、仏教者だけに止まらない広範な人脈を築きあげた。そのなかには、湖南の著名な文人の王闓運や葉徳輝、湖南省出身で孫文とともに中国革命の中心的人物となった黄興などがいた。さらに、湖南を訪れた大谷光瑞とは師弟の間柄となり本願寺派に転じている。

　中華民国成立後、水野は革命派をおもに支援する一方、中国問題を扱うジャーナリストとして頭角を現し、東方通信社調査部長に就任し『支那時事』を主宰した。1924年（大正13年）には、日華実業協会や外務省の支援により、雑誌『支那時報』を創刊した。また、外務省の嘱託となったほか、対支文化事業（東方文化事業）には様々な形で関与・支援を行った。

　仏教者であり、またジャーナリストでもある水野の活動の根幹には、仏教を通した日中提携という目標があった。これを実現するため、水野は太虚をはじめとする中国仏教界の有志と協力して、1925年に日本で東亜仏教大会を開催し、長らく途絶えていた日中仏教界の交流を再開させた。さらに、翌1926年には、日本仏教団を率いて中国を訪問し中国仏教徒や要人と交流を図った。

　1932年（昭和7年）3月、関東軍によって満洲国が「建国」されると、水野は満洲に遺された文化財の保護を訴え、日本の中国研究の大家と

晩年の水野梅暁

して知られた内藤湖南らとともに日満文化協会の設立に加わり理事を務めた。しかし、満洲事変を正当化するような水野の言動に対し、太虚ら中国仏教界からは激しい非難の声があがった。

　1943年（昭和18年）に東洋大学に職を得るまで、水野は日中両国を行き来しながら日中文化交流の活動を続け、戦後は1949年に埼玉県の慈恩寺で亡くなるまで、日本軍の占領中に南京で「発見」された玄奘三蔵の遺骨の日本への分骨に係わる事業に力を尽くした。

写真の調査と保存

　水野梅暁が遺した史料については、1984年（昭和59年）10月に中国近代史研究者の中村義氏らを中心とした辛亥革命研究会によって調査が行われた。それにより鳥居観音に水野梅暁に関する写真史料が所蔵されていること、またその写真に仏教関係者を中心に日中の様々な人物が写されていることが明らかになっている。その後、鳥居観音所蔵資料の調査・研究は同研究会によって継続され、近年では藤谷浩悦氏（東京女学館大学教授）が鳥居観音の川口泰斗氏を窓口として実施されておられた。しかし、写真に関しては学術的研究に向けた整理や調査がされないままであり、鳥居文庫内で展示された一部を除き、文庫内の棚などにしまわれていた。

　近代中国と日本人仏教徒との関係について研究をしていた三好章愛知大学教授らのグループは、2013年（平成25年）3月、川口泰斗氏の協力のもと、鳥居文庫に所蔵されているすべての写真史料を対象とした本格的な学術調査を実施した。

　調査では、展示ケース下の戸棚や天井裏の書棚等にも未整理のまま置かれている800点ほどの写真群の全てを確認した。それらの写真の多くは一見しただけでも劣化が進んでいることが確認でき、かつ湿度の高い状態に置かれていたことから、早急な保存処置を施すべきことが求められた。

　現地における史料状態等の確認を踏まえ、写真資料全点の目

鳥居文庫内の写真保管状況（2013年）

録作成およびデジタル化、そして適切な保存処置を行うことが決定された。同年9月に第2回目の調査を行い、鳥居観音側との交渉の結果、学習院大学に一旦全ての写真を運び、目録作成・クリーニング・電子化を実施することとなった。写真の汚れを落とすと共に、文化財害虫が検出されたものには脱酸素処理による殺虫を行い、その後全点を中性紙封筒に収納した。デジタル化に際しては大判の台紙を含めた写真の全体を記録できるように大型スキャナ（非接触型）を使用した。

　これらの作業は2014年7月までに終了し、鳥居観音へ返却を行った。なお、史料の持ち出しに際して保存されていた場所ごとに番号を振ったが、それをそのまま目録の親番号とした。原資料は鳥居観音の冷暗所で保管することとなり、以後写真に関する調査はデータを用いて行った[2]。

　全点目録については、2016年度中に刊行される『愛知大学国際問題研究所紀要』上に掲載の予定である。

本書の構成

　本書は上記の調査・研究成果のひとつとして、水野梅暁の遺した写真のなかから、テーマごとに選んだ約180点を掲載し、それらを通して、水野梅暁と中国との係わりをひもといていく。

　本書で設定したテーマは次の5つで各章ごとにひとつのテーマを取り上げる。第1章「水野梅暁と中国仏教」では、水野が中国へ旅立つ前に撮られた東京芝の青松寺門前での記念写真から、長沙での活動の様子、関東大震災の犠牲者追悼のため中国仏教界から贈られた梵鐘の写真や、東亜仏教大会に参加した日中両仏教徒の記念写真などを通し、水野梅暁と近代中国仏教界との関係を概観する。

　第2章「水野梅暁と中国革命」では、水野と黄興らとの記念写真、黄興とともに革命運動に参加した張継、戴季陶、殷汝驪・汝耕兄弟らのポートレート、黄興と孫文の追悼式典の模様、1926年に来日した蔣介石一行との記念写真などから、水野梅暁と革命派との交流の一端をたどる。

　第3章「水野梅暁と日中外交」で扱う写真の中には、水野と岡部長景が共に写ったものが多い。岡部は日本による対支文化事業部長を務めており、水野は中国通として岡部と交流し様々な面で協力を行っていた。写真を通じ、文化事業と水野の関わりを写真から探り、日中外

交における水野の立ち位置について考えてみたい。

　第4章「水野梅暁と満洲」では、満洲国「建国」以後における水野と満洲との関わりを見る。水野は満洲国要人の訪日時に接遇役を務めたほか、日満文化協会の理事として満洲の文化財保存などを中心とする文化事業に携わった。日満外交の水面下で活動したことが写真から理解できるであろう。

　第5章「水野梅暁と中国人脈」では、北京政府を支配した軍閥領袖の段祺瑞や呉佩孚、王正廷や黄郛ら北京政府外交官、張善孖・大千兄弟ら近代中国を代表する芸術家などのポートレートから、中国仏教界や革命派だけにとどまらない水野梅暁の中国人脈の広がりを追う。

　巻末には人名索引および掲載写真一覧を付した。なお、写真を大きく見せるため一部を除き台紙部分を掲載しなかった。

注
（1）松田江畔編『水野梅暁追懐録』、5ページ。柴田幹夫「水野梅暁と日満文化協会」（『仏教史研究』第38号）では水野の生年を1877年としている。
（2）詳しくは、広中一成・長谷川怜「水野梅暁・藤井草宣関係史料の調査と保存」（『愛知大学国際問題研究所紀要』146号、2015年）を参照。

【凡例】
・掲載写真は、注記したものを除き全て鳥居観音所蔵。
・表題は原則として写真の台紙や裏書の記載によった。
・〔　〕内は無題の写真に編集上新たに表題を付したもの、原表題の一部を補ったものである。
・原表題の明らかな誤植は編集の際に適宜修正した。
・旧漢字は一部の人名を除き現用漢字に直した。
・本文中の登場人物にはいずれも敬称を略した。
・本文およびキャプションにおいて他に参照すべき写真がある場合、写真番号で示した。
・史料の裏書きや写真に写る文字のうち判読できないものは■で示した。
＊表題の一部には、現在においては適切でない表現、現在使われていない地名なども含まれるが、歴史資料であることからあえて原文のままとした。

第1章 ─── 水野梅暁と仏教

　1878年(明治11年)、水野梅暁は広島県に生まれた。家庭の宗派は真言宗で、両親とも仏教への信仰が篤かったという。特に母は毎朝の参拝を欠かすことがなく、「子供の時から仏教の感化を受け、何等の懐疑なくして仏門に帰するやうになつた」と水野本人も語っている[1]。幼少時、托鉢僧の後をどこまでもついて行ったという[2]。

　僧侶になりたいという本人の希望により小学校入学前に懇意の寺院へ預けられ[3]、さらに小学校入学に合わせ、父と同じかつて福山藩士であった曹洞宗法雲寺（広島県神石郡父木野村）住持の水野桂巌の養子となった。正式に剃髪して出家したのは13歳の時である。同年、京都の大徳寺塔中（臨済宗）にいた高見祖厚を頼って京都へ赴き、18歳まで修業を受けた。

　1894年（明治27年）東京へ赴き、高見の紹介状を持って小石川（市ヶ谷であったとの証言もある）の寺院に居住した。この寺院で小僧をしながら東洋哲学館の夜学へ通い、同時期に細川護久の知遇を得て近衛篤麿とも知り合うこととなる[4]。細川との縁は水野の師である高見が熊本藩士だったことによると推定される。

　水野は近衛の厚意によって東亜同文書院院長の根津一の書生として、1901年（明治34年）、上海へ渡った。水野は正規の学生ではなく、書生兼学生として書院で学びながら雑務も行っていた。水野自身が「院長の好意で卒業生にしてくれた」と語っている。書院では中国語や漢籍などを学んだ。在学中、曹洞宗の『通俗仏教新聞』に「清国通信」を寄稿したり、また浙江省の天童寺を参拝するなど現地からの情報発信や仏教僧としての活動にも邁進していた。天童寺の参拝記は帰国後、『天童小誌』として出版された[5]。

　水野は天童寺参拝にあたって日本から仏教関係の文献を取り寄せて寄贈し、また同寺の住持である寄禅和尚との親交を深めた。天童寺に水野が与えた印象は非常に大きかったようで、後年、建築家の伊藤忠太が同寺を訪問した際に「嘗て日本画僧雪舟遊学したることありや」と僧侶に尋ねたところ「我雪舟を知らず、日人水野梅暁来遊したることあり」との返答を得たという証言も残っている[6]。

　1902年には湖南省長沙へ赴き、現地の有力者である葉徳輝や笠雲和尚と協議して僧学堂の設立を構想した。水野は資金集め等のため一時的に帰国し、

東京で長岡護美（東亜同文会副会頭）[7]や有志の僧侶らと共に東亜仏教興隆会を組織した。1903年10月、水野は再び長沙へ赴き、開福寺に僧学堂の建設を行い早くも講座を開始している。

ところが、11月に湖南洋務局より僧学堂の開設は現地の人心を乱す恐れがあるとして撤去および水野の長沙からの退去を求める電報が漢口の日本領事館にもたらされた。漢口領事館は、もし撤去することになれば「将来邦人ノ事業経営上ニモ影響スル」ことを懸念し、水野の活動が決して人心を乱すものではない旨を現地当局へ申し送り、僧学堂の活動は継続されることとなった[8]。ここでは日本仏教、日本語、図画、数学などを現地の僧侶に教授していたようである。当時、清国政府は公に日本仏教の布教を容認していたわけではなかったものの、黙認状態であった。しかし、日露戦争の前後から中国国内で排外的な機運が高まり布教権の拒否が表明されるようになっていき[9]、水野の僧学堂も後に清国側の圧力によって閉鎖された。水野は布教権問題に取り組まねばならなかった。1904年から碧浪新亭、ついで雲鶴軒を設立し[10]、湖南の碩学と言われる王先謙、黄自元、王闓運、瞿鴻禨などの学者との交際を深めていく。また、雲鶴軒を大谷光瑞が訪ねたことから両名は密接な関係となり碧浪新亭を大谷へ寄贈、後に水野は本願寺派へ転じたという。

その後も水野は、革命の戦乱で大蔵経を失った南岳の南台寺のため寄付金を集め日本から大蔵経を取り寄せて寄贈したり、広く中国各地へ足を延ばして太虚や王一亭といった有力な仏教者と交わるなどしている。水野が目指したのは日本や中国など「東亜仏教」の興隆であり、その理想が日本と中国とを股にかけた広範な活動の原動力となった。

本章では、水野の長沙時代の写真から、水野が奔走して大正期に実現させた「東亜仏教大会」の模様を撮影した写真、また日本僧の中国訪問における写真など（詳細は各写真キャプション参照）、多年・多岐にわたる仏教僧としての水野の活動を紹介する。

注
（1）水野梅暁「僕の信念」（『讀賣新聞』1930年11月4日）。
（2）松田江畔『鳥居観音と水野梅暁』（鳥居観音、1979年）。
（3）松田江畔『水野梅暁追懐録』（1974年）135ページ。
（4）『鳥居観音と水野梅暁』。
（5）『通俗仏教新聞』は高田道見が主宰した仏教新聞社が発行していた新聞。高田は『天童小誌』の刊行を援助した。その他、水野と高田の関係を示すものとしては、1905年に清国の高僧笠雲・道香・筱嘯が水野の案内で来日した際、青松寺を訪問後、仏教新聞社に投宿したということがある。高田は東京芝の青松寺の北界元峰に師事していたことも水野が青松寺で写真を撮影したことと関連があると推定される。

（6）岡部長景「梅暁君を憶う」（『水野梅暁追懐録』）11ページ。
（7）長岡は熊本藩主細川斉護の六男として生まれ、喜連川家の養子となった後に長岡に改姓、1879年に兄である細川護久の財産分与を受けて華族（当初男爵、後に子爵に陞爵）となった。
（8）「邦人水野梅暁唱ノ湖南長沙ニ於ケル僧学堂撤去請求ニ関スル件報告」（1903年12月10日、B-3-10-2-1_002 外務省外交史料館蔵）。
（9）入江昭「中国における日本仏教布教問題—清末日中関係の一断面」（『国際政治』28号、1965年）。
（10）安藤鉄腸「布教権問題」（『東京朝日新聞』1915年5月20日）。

1-01：〔青松寺前における集合写真〕

東京市芝区（現東京都港区）にある青松寺（曹洞宗）の中雀門前で撮影された写真である。前列左2人目より水野梅暁、長岡護美、高田道見。門には日章旗（右）と清国旗（左）が交叉して掲げられている。同じ写真が複数枚残されており、うち1枚の台紙には「入湖開学前於青松寺紀念撮影」と書かれていることから水野が僧学堂の開設資金を求めるため一時帰国した際の撮影であると推定される。長岡は東亜同文会副会頭で、僧学堂設立を援助した。なお、青松寺は関東大震災でほぼ全ての構造物を失っており写っている門は現存しないが、本写真を元にして2015年に扁額が復元された。

1-02：明治四十三年拾二月廿五日　雲鶴軒落慶式来賓

水野は長沙の僧学堂で教鞭をとり、まず碧浪新亭を建設、さらに仏教関係者などを招来して交流するための施設として雲鶴軒を建てた。日清の国旗を交叉させた入口前に多くの人々が集まっている。前列中央で帽子をかぶるのが水野。

18　　第1章：水野梅暁と仏教

1-03：〔雲鶴軒全景〕
水野が設立した雲鶴軒の全景を撮影した写真。建物に布がかけられ、入口に日清の国旗が交叉していることから、落成直後の撮影と推定される。漢学者の塩谷温（節山）は水野の勧めで雲鶴軒に滞在し王先謙、王闓運、瞿鴻禨、葉徳輝に師事した。

1-04：〔雲鶴軒全景〕
やや左前方から撮影された雲鶴軒。通路に沿って多くの植木鉢が並べられている。また画面右には移動に用いる籠が3台置かれているのが確認できる。1-02、1-03と同時期の撮影か。なお、本写真は『水野梅暁追懐録』の口絵に収録されている。

19

1-05：水野梅暁軒主　雲鶴軒にて　長沙の碩学と共に

1910年12月25日、雲鶴軒の落成当日における撮影。前列左より王先謙（『続皇清経解』などの著作で知られる儒学者。『日本源流考』で日本について論じた）、黄自元、王闓運（曽文正に師事、公羊学の大家）、堺与三吉（長沙領事）。後列左より松崎鶴雄（柔甫）、水野、1人おいて金谷由太（梅暁実弟）。水野は松崎や塩谷温に中国留学を勧めた。なお、この写真も『水野梅暁追懐録』の扉絵にある。

1-06：青年僧　水野梅暁　在長沙

長沙滞在中の水野。この頃、水野は開福寺内に僧学堂を開設し寺僧に日本式教育を実践していた。『水野梅暁追懐録』には小学校の読本を使った日本語教育や図画教育が行われていたと書かれている。本写真の撮影場所は長沙であること以外は不明。明治末年頃の撮影であろう。

1-07:〔長沙における水野と少年僧ほか〕
日清国旗を交叉させた前での集合写真。後列左から2人目が水野。少年僧は僧学堂における水野の生徒であろうか。

1-08:〔長沙の碩学と水野〕
前列左から3人目より王先謙、王闓運、黄自元。後列中央が水野。

1-09:〔葉徳輝〕
1864年生まれの湖南省長沙の学者。吏部主事となるが退官し長沙で研究に従事。経学、文学、書誌学などあらゆる学問を修めた。大量の蔵書は観古堂として知られる。水野は「湖南最後の遺老」、「大学者」と評した。塩谷温と松崎鶴雄は葉に師事した。1927年、革新思想に反対したことから長沙で殺害された。

1-10:〔長沙における水野〕
青年僧らとの集合写真。

1-11:明治三十七年七月一日紀念
水野のほか、白岩龍平、田島岩平が写る。台紙の書き込みによれば前列右の白服の人物はイギリス人。白岩は日清貿易研究所出身で、当時、中国で汽船会社を経営していた。背景から中国での撮影であることは確実であるが、詳細は不明。当時、湖南汽船会社の開業などがあったことを考えると漢口、洞庭湖、長沙付近での撮影か。

1-12：〔漢口における水野と海軍将校〕
写真台紙から漢口における撮影であることが推定される。

1-13：〔漢口における水野と海軍将校〕
写真台紙から漢口における撮影であることが推定される。

第1章：水野梅暁と仏教

1-14：〔長沙 開福寺山門〕
水野が僧学堂を設立した長沙の開福寺山門を撮影した写真。山門は改修が加えられてはいるが現存する。写真は境内に向かう荷物を載せた駕籠のようなものを捉えているが、詳細は不明。中国における水野の最初期の活動期間に撮影された写真群の中に含まれる1枚。

1-15：中華民国二年六月十日中日仏教聯合会発起摂影於象房橋観音寺
1913年6月10日の撮影。中日仏教聯合会発足の経緯と、水野との関係は今のところわかっていない。

コラム1

水野梅暁と上海東亜同文書院「大旅行」

　水野梅暁が学んだ上海東亜同文書院で開設時から行われた伝統行事が、「大旅行」と称される中国大陸をはじめとする各地への調査旅行であった。

　「大旅行」は、現地の社会風俗や商習慣を肌で学ぶことを目的に、東亜同文書院で最終学年を迎えた学生が、最後の夏休みを返上して、中国や東南アジア各地を二ヶ月以上旅行し、その土地の物産や経済状況を調べるものであった。「大旅行」終了後にまとめられた各学年の調査報告は、現在も貴重な歴史資料となっている。

　広い大陸を旅することに不慣れな書院生は、すでに中国社会で活躍していた書院OBあるいは関係者を頼りに調査を進めた。

　1905年（明治38年）11月、長沙開福寺を拠点に布教活動をしていた水野のもとに、「大旅行」中の東亜同文書院第三期生73名が訪れた。事前に根津一院長から書院生の世話を頼まれていた水野は、開福寺を開放して書院生全員の寄宿舎とし、彼らの調査の便宜を図るとともに、書院生らを引き連れて、岳麓山など長沙の景勝地や長沙日本領事館、湖南省政府要人のもとを見学に回った。

　書院生の調査滞在は2日という短期間であったが、学生は長沙での思いもよらない歓待に驚き、大きな収穫を得て次の目的地に向かった。

　日本人学生と清朝の地方官僚が一枚の写真に収まることは、当時非常に珍しかった。これが実現できたのも、長沙の地に根づいて活動をしていた水野の尽力があったからにほかならなかった。　　　（広中一成）

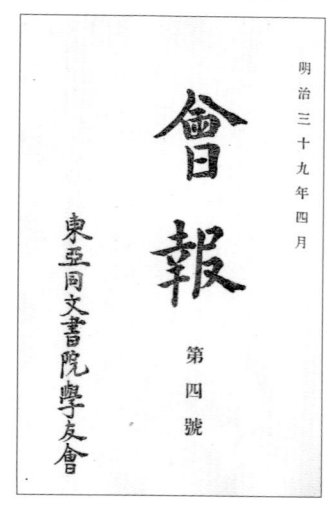

東亜同文書院学友会「会報」表紙

「大旅行」中の東亜同文書院第三期生一同と湖南省政府要人（『会報』第4号、東亜同文書院学友会、1906年4月所収）。3列目左から4人目が水野梅暁。

水野梅暁が学んだ東亜同文書院の高昌廟桂墅里校舎（滬友会編『東亜同文書院大学史』滬友会、1955年所収）。1913年の第二革命の戦火で焼失した。

コラム2

関東大震災と中華民国

中華民国による関東大震災への義捐活動と留学生送還

1923年（大正12年）に発生した関東大震災は未曾有の大災害であった。震災の報を受けて、上海商務総会の有力者は、地元にある42の経済団体を統合し「中国協済日災義援会」を組織した。会長は朱葆三、副会長は盛竹書と王一亭が務めた。彼らは即座に義捐金を集めて食糧その他を購入、9月12日には早くも神戸に物資が到着している。

一方、日本では被災留学生の救済が大きな課題となった。彼らの安全を確保するため、民間支援団体である日華学会が中心となり外務省との折衝が進められ、外務省は無償で本国送還することを決定した。帰国留学生には「対支文化事業」の予算から1人あたり50円が支給された。9月15日から10月6日にかけ全5便で439名の学生と多くの華僑が本国へ無事帰還した。この時、水野梅暁は外務省から送還を援助するよう委嘱を受け、3回にわたり上海へ赴いた。

震災当時、様々な流言蜚語が飛び交ったことはよく知られているが、江東地区における中国人労働者および社会活動家の王希天の殺害は日中の外交問題にも発展した。

新聞記事によれば、水野は悪化する対日感情を鎮静化させるため「流言蜚語の釈明」を上海で行ったようである。その後水野は流言蜚語の調査を行うため日本へ派遣される中国側の僧侶・キリスト教牧師等を伴い11月に帰国した。

日中関係の悪化とはまた別の次元において、篤志家の志により様々な形で日本への救済活動が行われたことは記憶しておきたい。

中国仏教界の義捐活動と梵鐘寄贈

中国仏教界では、印光・可成・許沅・王震・諦閑といった僧たちの発起により「仏教普済日災会」が組織された。彼らは、四大名山（峨眉山、九華山、五台山、普陀山）をはじめとして各地で震災被害者の追悼法要を開催した。そして、震災犠牲者を追悼する梵鐘の鋳造が計画された。この梵鐘は杭州で鋳造され上海を経て1925年初春、日本へ運ばれた。梵鐘は東京市本所区横網町（陸軍被服廠跡）において東京市が受領した。その後、東京震災記念事業協会により鐘楼建設が決定され、1930年（昭和5年）10月に中華民国公使を中心とする落成式が挙行された。水野は、この梵鐘の授受に関しても日中の間で折衝を務めたほか、落成式では鐘の由来について解説を行った。　（長谷川怜）

1-16：〔幽冥鐘〕
「幽冥鐘」は、東京都慰霊堂のある東京都墨田区の都立横網町公園内鐘楼に現存する。

幽冥鐘の鐘楼デザイン画（「中国仏教者普済日災会寄贈大鐘ニ関スル件」東京都公文書館所蔵）

1-17：〔幽冥鐘前における東亜仏教大会参加者〕
1925年11月、東京で東亜仏教大会が開かれた際、大会に参加した日中の代表団一行は、日中仏教交流の象徴のひとつでもあった関東大震災追悼の「幽冥鐘」を参拝し、死者の霊を弔った。前列左端が水野、前列梵鐘の右隣が太虚。

1-18：癸亥秋九月　中国協済日災義振会　撮影

1923年9月1日の関東大震災直後、上海商務総会の有力者が中心となって結成された中華民国普済日災義援会の集合写真。前列左から4人目が水野。2列目中央が王一亭。朱葆三が会長、盛竹書・王一亭が副会長、金伯平・朱芭が事務主任を務めた。彼らは被災地救援物資の発送、在日留学生の救済を活動の主軸に置き、早くも9月12日に食糧が神戸へ到着した。9月から11月にかけて水野は中国留学生を本国に送還するため外務省の嘱託となり、日中間を3度にわたって往復した。「癸亥」は1923年。

1-19：〔幽冥鐘前の水野と王一亭〕

「幽冥鐘」は、関東大震災で亡くなった死者を追悼するために、中国仏教徒を代表して中華民国普済日災義援会によって寄贈された。梵鐘の高さは5尺6寸（約1.7m）、口径4尺（約1.2m）、重さ416貫（約1.6トン）にのぼった。日本に渡る前、梵鐘は浙江省杭州の招賢寺と上海の玉仏寺で法要を行い、中国在留日本人も梵鐘を参拝し死者を弔った。水野は梵鐘寄贈に際しては日中の間で種々の折衝に携わった。

1-20：大阪中華民国北帮商務総会僧俗聯合歓迎会撮影
撮影時期・場所ともに不明。前列左から６人目が水野。

1-21：世界仏教聯合会甲子年代表摂影
1924年に江西省廬山で開催された世界仏教大会における撮影。水野は講師として参加している。この大会において日本で仏教大会を開催することが提議され、翌年の東亜仏教大会が実現する。前列右から３人目が水野、その左が太虚。

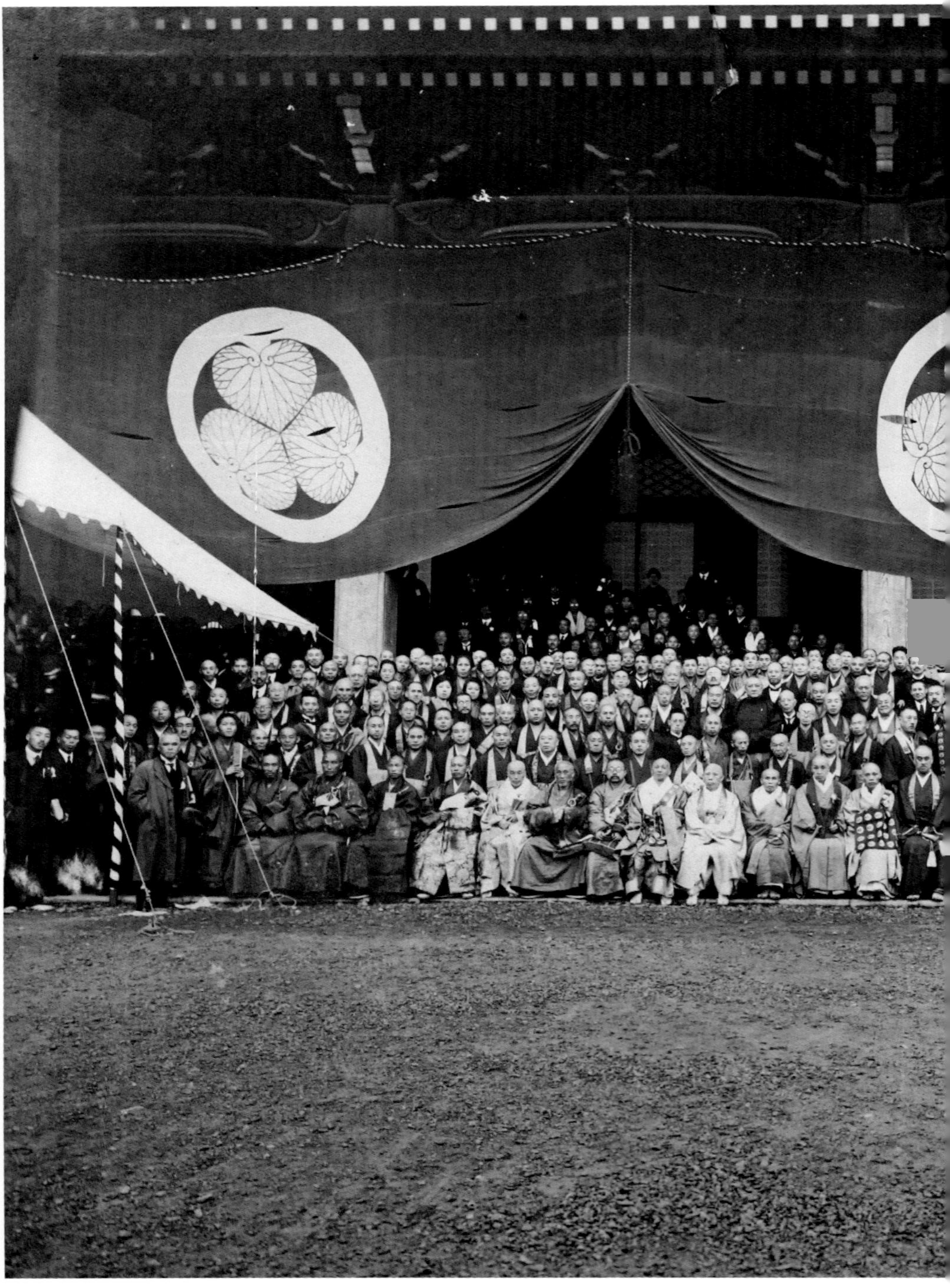

1-22：東亜仏教大会発会式

東亜仏教大会参加者一同の記念写真。東亜仏教大会は、日中仏教界の交流、仏教の学術的研究と世界に向けての宣伝方法の検討を目的に、1925年11月1日から3日にかけて東京芝の増上寺で開かれた。大会には日本側からは仏教各宗派の代表、中国からは太虚を代表とする中華民国仏教団が集まり、各部会に分かれて活発な議論が交わされた。閉会後、中華民国仏教団らは、21日に帰国するまで永平寺や南禅寺などを巡ったり、講演会に出席した。

1-30:〔神戸祥福寺における水野、太虚ほか集合写真〕
大会後の関西巡見で神戸の祥福寺を訪問した際の撮影。1-29と同様に全員が笑顔で写っている。東亜仏教大会により日中仏教交流が頂点に達したことを印象づける一枚である。

1-31:〔道階法師〕
臨済宗僧侶。湖南南嶽の祝聖寺や北京法源寺などで住持を歴任した。東亜仏教大会で太虚とともに中華民国仏教団の代表を務めた。

1-32:〔清浄居士〕
本名は韓徳清。1884年、直隷省（現在の河北省）生まれ。民国期の著名な居士（在家仏教徒）で、北京に居士団体の三時学会を創設したことでも知られる。水野とも親交が深かった。東亜仏教大会開催にあたり、中国側代表団のひとりに加わった。

1-33:〔曼殊法師〕
曼珠法師とも。はじめ国民政府に仕えたが、その後出家し、南京支那内学院や華厳大学などで教授を務めた。東亜仏教大会では中国側代表団の一員に加わった。

38　　　　　　　　　　　　　　　　　　　　　　　　　　　　　第1章：水野梅暁と仏教

1-34：〔大蔵経書棚〕
1924年から『大正新脩大蔵経』の刊行を開始した大正一切経刊行会は、1926年、同書を上海世界仏教居士林に寄贈するにあたり使者として水野梅暁を遣わせた。上海で蔣介石による共産党員への弾圧が起こるなか、6月5日、使者として出向いた水野は居士林代表の李経緯や王一亭の出迎えを受け、無事に大蔵経を送り届けた。

1-35：〔大蔵経書棚〕
中国へ寄贈された大蔵経。1924年から1934年にかけて刊行された『大正新脩大蔵経』は高楠順次郎、渡辺海旭らによって、北宋時期の『開宝蔵』を底本としつつ日本で保存されている多くの漢訳仏典などを用いて編纂された。仏典および図像等を合わせ全100巻。

1-36：〔高楠順次郎〕
1866年、広島生まれの仏教学者。西本願寺普通教校を経て、英独仏に留学、オックスフォードでは著名な東洋学者であるマックス・ミュラーに師事してインド学を学んだ。東京帝大で梵語学を講義し、逓信大臣秘書官、東京外国語学校校長、東京帝大教授などを歴任した。『大正新脩大蔵経』、『南伝大蔵経』などを編纂・刊行した。水野とともに東亜仏教大会の開催に携わった。

日本仏教徒の中国訪問

　日本仏教徒の中国派遣は日本仏教聯合会によって組織され、1926年（大正15年）に実施された。これは単発の計画ではなく、1924年に江西省廬山で開催された世界仏教大会と1925年に日本で開催された東亜仏教大会に連続して行われた事業として位置づけられる。

　東亜仏教大会が成功裏に終了した後、その残務処理会の席上で中国への視察団の派遣と仏教大会参列者への答礼を行うべきことが提議された。参加者は各宗派の大学教授級ないし行政に参与する部長級の人物とされ、約1か月にわたって総勢22名の訪華団の視察が行われた（行程は地図参照）。団長は尾関本孝（臨済宗）、副団長は梅谷孝永（天台宗）が務め、水野は対外交渉係として視察計画の立案から現地との交渉・通訳まであらゆる仕事をこなした。

　旅費は1名あたり1,000円とされ、その経費は各宗派からの支出と東方文化事業からの援助により賄われた。中国側への手土産として仏教関係の書籍や東亜仏教大会時に撮影されたフィルム（1-23参照）などが準備された。

　一行は10月1日に東京を出発、翌日には釜山から朝鮮縦貫鉄道で北上、京城（現ソウル）、平壌を経て5日には満洲へ入っている。7日に北京へ到着すると中華仏教聯合会や世界仏教居士林といった仏教組織の本部、各都市に設けられた仏教組織の本部、古寺名刹をまわったほか、訪問した各地で古跡、博物館、租界、同文書院など様々な場所を視察した。また中国仏教会の設立者である太虚や王一亭をはじめ、黎元洪や趙爾巽といった政治家も含め多くの関係者と会合した。

　長期にわたり広範囲を巡遊した一行は、30日に上海で解散式を行い、一部を現地に残して11月4日に東京へ帰着した。その後、水野が中心となって旅行報告書を編纂し、現地での写真と参加者からの感想文・報告文を掲載した『日本仏教徒訪華要録』が1928年（昭和3年）に刊行された。水野は旅行記全般を執筆したほか、視察報告として「将に改造せられんとする支那仏教」を寄稿している。

〈日本仏教団の中国訪問ルート〉

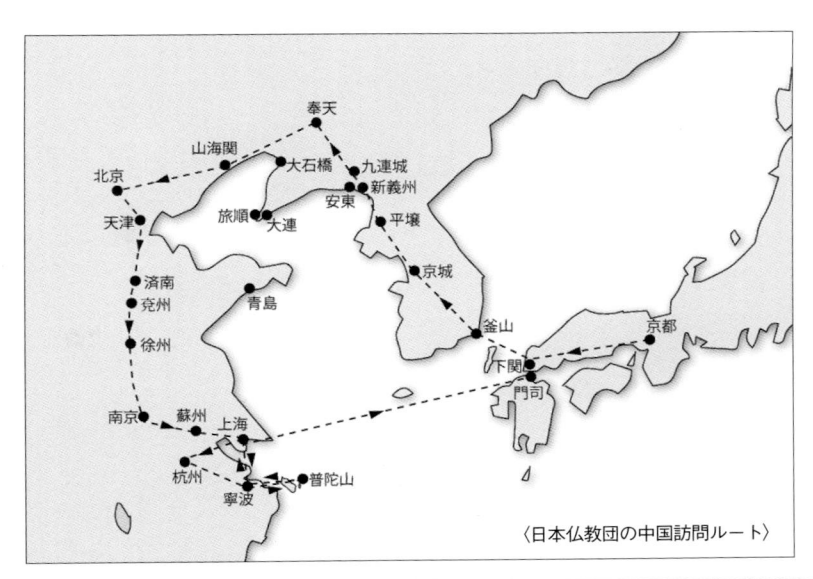

1-37：〔中華仏教徒祖憲庭及和尚明善体安都甲文雄等在奉天萬寿寺内歡迎日本仏教団梅谷孝永水野梅曉等来奉赴京考察仏教紀念撮影　中華民国十五年十月五日〕
1926年10月5日、奉天（現瀋陽）の萬寿寺を訪れた日本仏教団中華民国視察団一行。

41

1-38：蘇州官紳商学各界曁仏教会歓迎日本観光団紀念
日本仏教団が蘇州を訪問した際の記念写真。

1-39：日本僧訪華紀念
1926年10月11日、日本仏教団中華民国視察団は天津にある元北京政府大総統の黎元洪宅を訪れた。前列中央の中国服の男性が黎元洪。右にふたりおいて水野。

1-40：〔王一亭〕

王一亭（1867〜1938）は浙江省呉興出身の実業家・慈善事業家・政治家・画家。本名は王震。日清汽船上海支店で買弁となって以降、大阪郵船の買弁、三井洋行の絹糸会社社長などを務め、上海商務総会議董に就任、上海実業会の重要人物となっていく。辛亥革命を支援し、上海軍政部で交通部部長・農業部部長を歴任した。仏教への信仰が篤く、太虚と共に中国仏教会を設立している。関東大震災に際してはいち早く義捐活動を展開し、また中国仏教会からの梵鐘寄贈にも尽力した。また東亜仏教大会や日本からの仏教僧訪問に際しては様々な援助を行った。一連の活動を通じ、水野とは旧知の間柄となった。画家としても著名であり、作品を販売し慈善事業に投じた。日本との関係が深かったことから、1955年には親交のあった横山大観・徳富蘇峰・重光葵らが発起人となり遺墨展が開催された。

《王一亭故居》
王一亭がかつて暮らした邸宅「梓園」が現在も上海市黄浦区喬家路に残っている。元々は清代に造営された庭園であり、後に王一亭の住居となった。施工には日本人が関わったといわれている。近代の洋風建築として貴重な遺産である。2015年撮影。

丙寅年九月十日

上海靜安寺住持谷雲

佛教視察紀念團

一以唯民在心傳
志士為眾生示現善士得度者
盡雅身度眾生病
須水乳融世方
圖文合而製作
味稱同釋
合掌恭敬

第1章：水野梅曉と仏教

1-41：歓迎日本仏教観光団　摂影于静安寺以志紀念

上海の静安寺で撮影された集合写真。同寺では1912年に中国仏教総会創設の会合が行われており、中国仏教の中でも中心的な役割を持つ寺院であったといえる。最前列中央で黙想して写るのが王一亭。その右が水野梅暁。現在も静安寺は同じ場所にあるが、当時の建物は一切残っていない。

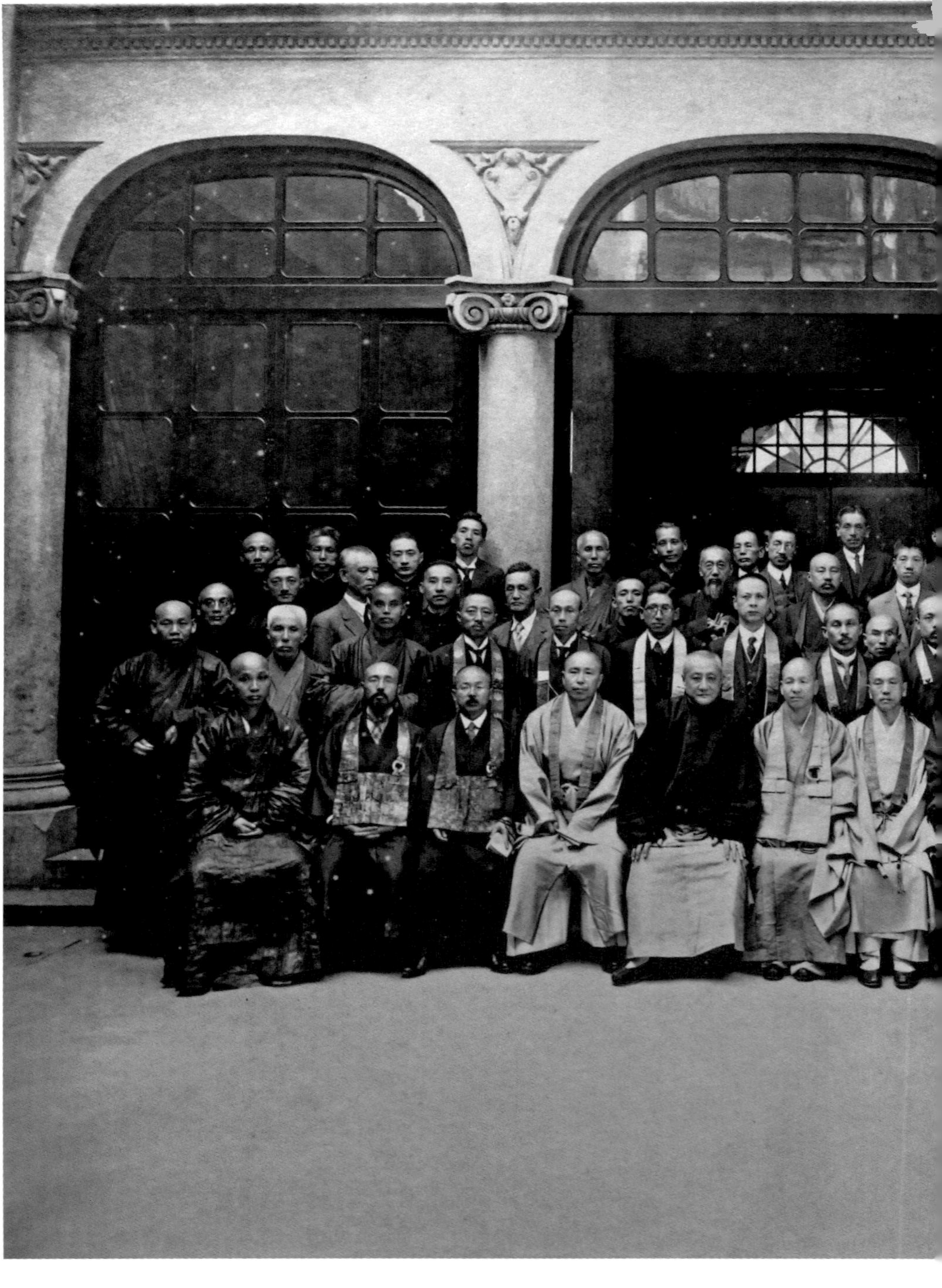

1-46：〔上海における王一亭と日本仏教団集合写真〕
前列左から5人目が王一亭、同列右から3人目が水野。

1-47：〔上海六三園における園遊会〕

1-48：仏化教育社同人暨来賓歓迎日本仏教考察団撮影紀念　中華民国十五年十月
上海の広東花園内の仏化教育社を訪れた日本仏教団。前列に座っているのは仏教団歓迎会に参加した尊孔学堂の生徒たち。仏化教育社は、反キリスト教主義から始まった仏化運動を広めるため、太虚や王一亭らによって上海虹口に設立された出版社。

1-49：〔上海丸で帰途につく仏教団一行〕
中国各地の訪問を終え日本郵船の日華連絡船「上海丸」で帰途に就く一行。

『日本仏教徒訪華要録』（日本仏教聯合会、1928）
水野梅暁の編纂によって刊行された訪問記録。本書中には、訪問団の詳細な旅程と参加者による報告書、そして多くの写真が掲載されている。第1章に掲載した写真の解説の多くは本書に依拠する。

1-50：〔阿育王寺歓迎摂影　中華民国十五年十月二十五日〕
阿育王寺は浙江省寧波市の郊外、太白山にある禅宗の古寺。創建は282年（西晋）と伝わる。インドのアショーカ王が各地に建設した舎利塔の1つをゆかりとする、中国において現存する唯一の寺院。鑑真が訪日前に滞在したり、また曹洞宗の道元が訪問するなど日本との関わりも深い。仏教団は、阿育王寺から更に奥へ入ったところにある天童寺や、寧波対岸にある普陀山などを訪問した。

1-51：普陀濟寺歓迎日本仏教団之摂影　中華民国十五年十月二十四日
浙江省寧波の対岸にある普陀山は中国四大仏教名山の1つ。平安時代に唐へ留学した日本僧の恵萼が、858年（大中12年）に観音像を日本へ招来しようとしたところ普陀山付近で船が全く進まなくなったが、像を降ろした途端に動きだしたため普陀山に観音像を祀り普済寺とした（不肯去観音）。日本の仏教徒にとっては重要な意味を持つ寺院であった。

第1章：水野梅暁と仏教

1-52：明覚方丈遺像
普陀山の僧侶明覚の肖像。

コラム3

水野梅暁と藤井草宣
そうせん

揺るぎない師弟関係に暗い影を落とす「戦争」

　東亜仏教大会の準備で多忙を極めた水野を陰で支えたのは、水野の秘書役を務めた藤井草宣（本名は静宣。草宣は号）であった。藤井は1896年（明治29年）、東本願寺高山別院輪番を務めていた藤井至静の長男として生まれた。1904年、父が豊橋市の浄圓寺住職に任じられたことにより、同地に居を移した。若くして詩歌の才能を開花させ、歌人の山村暮鳥や若山牧水と親交があった。

晩年の藤井草宣（藤井草宣『歌集　黒袈裟』、豊橋文化協会、1964年所収）

　1922年（大正11年）、大谷大学を卒業後、宗教専門紙『中外日報』の記者となった藤井は、1924年、前年に発生した関東大震災の犠牲者を追悼する供養法会で、来日した中国人僧侶の通訳をしていた水野梅暁と初めて出会った。

　このとき、法会に参加していた浄土宗僧侶の渡辺海旭から、「僕は英語も独逸語も多少はやって用を弁ずるが、最も近い隣国の支那語の研究を怠っていた。支那の仏教がこれほど盛んであることを忘れていたのは残念であった」[1]と言われたことをきっかけに、藤井は中国に強い関心を向けるようになった。そして、「支那語は水野君一人しかやっておらんのだった」[2]という渡辺のことばを受けて、藤井は水野をその師と仰いだ。終生続く水野と藤井との師弟関係がここから始まった。

　太虚ら中国側僧侶の提議をきっかけに、1925年11月1日に日本で東亜仏教大会が開催されることが決まると、水野は準備委員として大会の企画から中国側僧侶の出席交渉まで担当し、そのために、二回にわたって中国を訪問した。藤井は水野の秘書として東亜仏教大会に参加し、大会終了後、およそ三週間にわたって、中国側代表と福井、京都、奈良の古刹をめぐる見学旅行に同行した。

　1926年、初めて中国の地を踏んだ藤井は、東亜仏教大会で出会った中国人僧侶を訪ね歩き、北京では大会での中国側代表のひとりであった清浄居士が

主宰する仏教研究グループの三時学会を参観した。

　1928年、藤井は中国語の習得を勧める水野の推薦を受け、水野の母校である上海東亜同文書院に東本願寺派遣の支那語聴講生として入学した。このとき、藤井は水野の紹介で外務省から給費生として金銭的支援を受けた。

　東亜同文書院で中国語の能力を身につけた藤井は、以後、水野と同じように日中間を行き来しながら、日中仏教の交流と発展にその身を捧げた。しかし、水野と藤井には、ある決定的な違いがあった。それは、満洲事変から始まった日本の中国侵略に対する見方であった。

　満洲事変発生後の1932年（昭和7年）1月、水野は雑誌『支那時報』で中国情勢についてのレポートを掲載し、満洲事変での日本軍の行動を次のように評価した。

　「権益擁護を目標として行動したる我軍の活動が、端（はしな）くも満洲三千万の民衆を水火の中より救ふて、暴戻なる旧軍閥の極端なる苛斂誅求より免れしめ、延いて彼等は生来始めて見るの安全地帯にありて、撃壌鼓腹の楽を得せしむることとすれば其の結果に於て我軍の行動は、我同胞を救ひ我権益を擁護したる副産物として、王者が天に代って民を弔する仁義の師とするものである(3)」。

　一方、藤井は、満洲事変が起きてから日本の仏教徒の間で日本軍の行為を支持する論調が現れたことに対し、「仏教家が軍人や実業家と同一線上に於いて「利権」「権益」のみを主張して、以て足れりとするは魔道に随せるものである(4)」と痛烈に批判し、「誠に私は、今の今でも、支那を愛し、支那人を悲しみ、支那の仏教徒を懐ふ心で一杯である。併し現下の事態は、わが国の年少の精英より成れる軍隊が、支那兵と激戦を行っては、毎毎日日幾十百名となくその身命を捨て、護国の霊となりつゝあるのだ。これと同様な矛盾せる感情をば、幾多の私の友人である支那青年仏教徒達も感じてゐることであらう(5)」と、日中両軍の戦いで多くの人々が亡くなっていることを嘆いた。

　戦時中、水野は日本と満洲国の文化交流を促進する日満文化協会で活動するかたわら、引き続き、『支那時報』で日本の中国侵略を支持する論陣を張った。

　これに対し、藤井は東本願寺北京別院輪番や中支開教監督を務め、おもに上海や南京を拠点に活動した。あるとき、藤井は南京事件（南京虐殺）の様子を耳にし、日本軍の残虐行為を厳しく非難したという。また、藤井は中国滞在中に反戦運動にも係わったといわれている。

　1943年（昭和18年）10月、故郷豊橋に戻った藤井は、市内で開かれた帰朝講演会で軍事機密に触れる発言をしたとして逮捕され、翌年、禁固6ヶ月、執行猶予3年の判決を受けた(6)。戦時中に水野と藤井との間でどのような交流

があったのかは、いまのところ充分にはわかっていない。

　戦後まもなく、浄圓寺の藤井のもとに、水野が突然姿を見せた。水野が手にしたバスケットの中には、水野に宛てて送られてきた日中両政府の要人や中国人僧侶からの書簡、水野が外務省嘱託に任じられた際の任命状などが入っていた。水野はこれを自分の形見にしてほしいと、藤井にバスケットを手渡した。

　このやり取りを最後に、水野は1949年（昭和24年）、この世を去った。その後、藤井はバスケットを大切に保管し、暇を見つけては書簡を眺めて、生前の水野との思い出を振り返ったという。

　現在、浄圓寺には水野の書簡のほか、生前、藤井が記した日記や書類、仏教関連の雑誌、戦前から戦後にかけて日本や中国で撮られた写真などが遺されている。これら資料は、現在、学術的観点で整理が進められているが、写真については2016年度、愛知大学東亜同文書院大学記念センターシリーズとして刊行される予定である。

（広中一成）

（1）藤井草宣「回想の水野老師」、松田江畔編『水野梅暁追懐録』、私家版、1974年、49頁。
（2）同上、49頁。
（3）水野梅暁「支那時局解説」、『支那時報』第16巻第1号、支那時報社、1932年1月、8頁。
（4）藤井草宣「此際日支仏教提携し和平運動を誘発せよ（中）」、『中外日報』、1932年2月16日。
（5）同上。
（6）田原由紀雄「戦火のもとで—ある陸軍刑法違反事件」、『三河の真宗』、真宗大谷派三河別院、1988年、130頁。

三時学会とは、清浄居士によって北京に設立された居士中心の仏教団体。三列目中央が清浄居士。ひとりおいて左が北京政府司法次長の汪鹿。三列目右から三人目が福建省長の胡瑞霖。汪も胡も居士。1927年6月、水野の紹介で三時学会のある北京法源寺を訪れた藤井草宣は、その様子を『中外日報』1927年6月25日から30日までに4回にわけて記事にした。

1927年6月、上海東亜僧園の向出哲堂(前列中央)との記念写真。前列左が藤井草宣。東京の丸ビル内で撮影。向出は石川県出身の僧侶。1922年、中国に渡り太虚や王一亭らと親しく交流し、中国仏教復興の一環として、上海に東亜僧園を開設した。

中国仏教徒との記念撮影。前列右から5人目が藤井、3列目左から5人目が太虚。太虚の後ろに水野。撮影場所・日時は不明。

第2章 ── 水野梅暁と中国革命

　水野梅暁は1903年（明治36年）に湖南省長沙に赴いて布教活動を開始して以降、中国仏教界はもとより、湖南省に縁のある各界要人との関係を築いた。そのなかには、長沙出身で中国革命に奔走した黄興ら革命派との深い交流があった。本章掲載の写真にある柏文蔚、張継、戴天仇、殷汝耕はいずれも黄興とともに中国革命を戦った人物である。水野は辛亥革命で戦場に野戦病院を開いて戦傷者を助け、日本では頭山満や犬養毅らとともに黄興らを支えた。

　頭山らが欧米に対抗するためのアジアの連帯という、いわゆるアジア主義の立場から中国革命を支持したのに対し、仏教僧である水野はなぜ革命派を支援したのか。

　水野が辛亥革命中に記した日記によると、1911年12月15日、水野は救護所開設の準備を進めるかたわら、上海で黄興と会い、布教権問題について話し合った。布教権とは、第二次アヘン戦争（アロー戦争）後の1860年10月、清国と英仏両国が結んだ北京条約によって認められた権利で、これまで中国の開港場内に限られていたキリスト教の布教活動が開港場以外でも行えるようになった。布教権は英仏だけでなく、清国から最恵国待遇を受けていた国々にも認められたが、日本にその権利はなかった。

　キリスト教と日本仏教の布教上の不平等を解消しなかった清朝政府に対し、水野は黄興ら革命派に日本仏教が公平に布教できるよう改善を求め、革命派が新政権を樹立後、それを実行させようとした。水野が期待したのは、布教権問題が解決され、日本人僧侶が人道的な布教活動によって、日中両国の「国民的親善の先駆者たらしむる」ことであった。

しかし、水野の願いとはうらはらに、革命派が中華民国を成立させてからも、布教権問題は解決されなかった。この状況を受けて、水野は1915年（大正4年）7月、布教権問題を広く日本社会に訴えかけるため、『支那に於ける欧米の伝道政策』を発表した。このなかで水野は、北京条約で布教権を特権として手に入れたキリスト教宣教師によって、中国伝統の神仏や祭祀が軽んじられ、中国文化が破壊されていることを述べた[5]。

　そして、水野は中国文化を守るため、中国革命の支援から日中仏教界の提携に関心を移していった。

注
(1) 中村義「水野梅暁在清日記」、『辛亥革命研究』第6号、辛亥革命研究会、1986年、110頁。
(2) 姫田光義・阿部治平・笠原十九司・小島淑男・高橋孝助・前田利昭編『中国近現代史』上巻、東京大学出版会、1983年、37～38頁。
(3) 栗田尚弥『上海東亜同文書院―日中を架けんとした男たち―』、新人物往来社、1993年、133～134頁。
(4) 前掲「水野梅暁在清日記」、『辛亥革命研究』第6号、122頁。
(5) 広中一成「日本の中国侵略と水野梅暁」、『愛知大学国際問題研究所紀要』第146号、愛知大学国際問題研究所、2015年11月、47頁。

第 2 章：水野梅暁と中国革命

2-01：日本総持寺陳英士先生追悼会写真　丙寅六月三日

1916年に鶴見の総持寺で撮影された写真。陳英士とは、黄興らとともに中国革命に加わり、1916年5月に上海で暗殺された陳其美のこと。前列左より、犬塚信太郎、倉知鉄吉、頭山満、黄興、寺尾亨、謝持、藤瀬政次郎。2列目左より、福間甲松、水野梅暁、山本安夫、宮崎寅蔵（滔天）、王侃、山科多久馬、黄一鷗、殷汝耕、劉祖章、任寿祺。3列目左より、野満四郎、趙鉄橋、川崎万蔵、黄実。

2-02：黄興（孫中山ノ同輩）
孫文とともに近代中国を代表する革命家。号は克強。1874年湖南省長沙生まれ。日本留学後の1905年、孫文と中国同盟会を結成して革命運動に従事、辛亥革命では革命軍を率いて清国軍と前線で戦った。中華民国成立後、南京臨時政府陸軍総長、国民党理事などを務めたが、1913年、袁世凱打倒の第二革命に失敗し、日本に亡命した。1916年に上海に戻ったが同年10月31日、死去した。水野とは辛亥革命以前に長沙で知り合っていたと思われる。

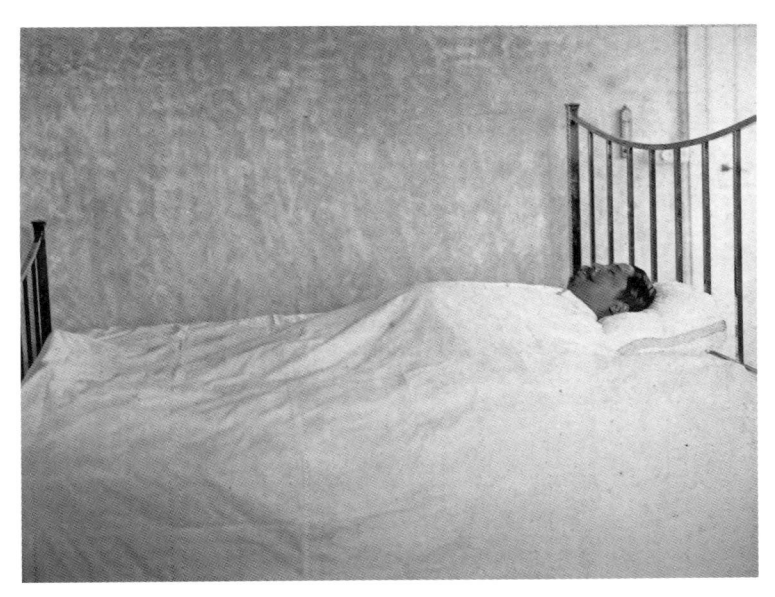

2-03：〔黄興遺体〕
1916年に死去した黄興の遺体を安置した様子。上海での撮影。

2-04：〔黄興遺体〕
遺体の安置風景。黄興は正装に着せ替えられ、周囲には花が飾られている。

第 2 章：水野梅暁と中国革命

2-05：〔黄興遺体〕
安置された黄興の遺体の前で悲しむ遺族を撮影したものと思われる。

2-06：〔黄興葬儀〕
上海における黄興の葬列を撮影したもの。米国旗を掲げた隊列が行進する様子が写っており、租界の海外諸国も参加したことが分かる。

2-07：〔黄興葬儀〕
黄興の葬列。花籠の進行する様子が写されている。

2-08：〔黄興葬儀〕
黄興葬列における楽隊の行進を撮影したもの。

第2章：水野梅暁と中国革命

2-09：〔黄興葬儀〕
葬列における騎馬隊の行進。

2-10：〔黄興葬儀〕
黄興の霊柩を運ぶ様子を撮影したものと推定される。

2-11：〔黄興葬儀〕
黄興葬儀に参列した革命人士。廖仲愷や胡漢民の姿が見える。

2-13：黄興氏弔祭会

青松寺の黄興追悼会で祭壇の前に立つ犬養毅。犬養は、黄興が常に物事を高所から大観していたことなどを讃え、遺志を継いで日中両国の親善を目指していきたいと述べた。犬養に続いて寺尾亨が弔辞を述べ、上海から送られた孫文の電報が朗読された。

2-14：〔柏文蔚〕

民国期の軍人。1876年、安徽省寿県生まれ。1900年、安徽省武備学堂に入り、軍人の道に進む。1905年、中国同盟会に入り、辛亥革命では軍を率いて南京を占領した。1913年、二次革命に敗れて日本に亡命する。1917年に帰国後、川鄂聯軍総指揮、鄂西靖国軍総司令、国民党中央執行委員などを務め、1926年に北伐戦争が始まると、国民革命軍第三十三軍長に任じられた。1947年死去。本人が水野に贈ったポートレート。

第2章：水野梅暁と中国革命

2-15:〔孫文・水野・頭山ほか集合写真〕

1916年に撮影された日中の革命人士の集合写真。撮影場所は不明だが、写真台紙には本郷湯島の写真館名があり東京での撮影と推定される。前列左端が廖仲愷、ひとりおいて青木宣純。3人おいて寺尾亨、孫文、有吉明、胡漢民、大谷尊由。中列右から2人目が宮崎滔天。後列左から4人目が宮崎民蔵、中央の学生服姿は宮崎龍介、右端が水野梅暁。確認される中では唯一、水野と孫文が一緒に収まった写真である。水野は一時東京に戻っていた1910年春頃、頭山満の紹介で来日中の孫文と知りあった。

> 〈関連資料紹介〉
> 水野が主宰した雑誌『支那時報』の第2巻第5号（1925年5月発行）で報じられた孫文の逝去と国葬の記事の一部を翻刻して掲載する。　＊旧漢字は新字に置き換えた。活字の脱落部分は〔　〕により補った。一部、編者の判断で句読点を補った。

孫中山氏の臨終と国葬

孫中山氏の逝去

宿痾腎臓病の為め危篤を伝へられつゝ、あつた孫中山氏は、三月十二日午前九時半、遂に北京国民党本部に於て逝去せられた。臨終の枕頭には孫夫人並に長子孫科氏夫妻を〔始〕めとし、汪兆銘、戴天仇、李烈鈞、于右任、李石曾、石青陽、林森、葉恭綽、楊鹿堪、雛魯の諸氏、日本人としては山田純三郎、萱野長知、井上謙吉氏其他近親者相集り静かに此の偉人の死を守つたが、一度逝去の報道伝はるや、支那内外の諸名士は素より、我芳澤公使（太田参事官代理吊問）、労農大使カラハン氏及び其他各国代表者は何れも吊問したが、逝去後に発表せられた孫氏の遺言は左の如きものである。

　　余国民革命に力を致す凡そ四十年、其目的は中国の自由平等を求むるにあり。四十年の経験を積み此目的を達せんと欲するには須らく民衆を喚起し世界と聯合し以て平等に我に俟つの民族と共同奮闘するに在り、現在革命尚未だ成功せず、凡そ我等同志は努めて須らく余の著はす所の建国方略、建国大綱、三民主義及第一次全国代表大会宣言に照して継続努力し、以て主義を貫徹し、国民会議を開き不平等条約を排除せんことを求むべく最も短期間に其実現を促がすべし。

　　　　民国十四年二月二十四日　孫文

但右は昨日署名されたるものである。また家事に関し左の如く遺言した。

　　余は国事に尽瘁せる為、財産と称する程の物も所有しないが書類、衣類、住居等は一切秉家慶齢に与へ以て記念とする。余の兒女成長し善く自立するに至らば各自愛し、余が志を継がんことを望む云々。

執政政府に於ては孫氏逝去哀悼の為め各政治機関に対し一日の事務停止を命じ、全国的に三日間半旗を掲ぐることを命じ（中略）更に同十七日閣議に於て国葬儀執行を決定した。

国葬儀の執行

段政府に於ては閣議を開き孫氏の吊祭方法及典礼に就き協議した結果、内務部をして一切を取扱はしむることゝなつた。斯して三月十九日孫氏の遺骸は仮棺に入れロックフエラー病院の礼拝堂に於て宋夫人、令息孫科、宋子父等の家族親戚により最後の悲しき告別式を行ひたる上、霊柩は儀仗兵、音楽隊に先導せられ、汪兆銘、陳友仁、戴天仇、李烈鈞、李大釗、林森等の同志によつて昇がれて中央公園の社稷園に向つた。葬儀は二条の行列をつくつて幾万の群衆が黒山を築づける長安街を粛々と中央公園へと運ばれたが、沿街各所には半旗が掲げられ中華民国前大統領を葬ふ三十三発の砲は殷々と轟き渡つた。これより先中央公園の社稷壇には周囲を杉の葉で飾られ正面は黄菊で「救民救国」の四字を大書した霊柩壇が設けられて居た（中略）次で同二十三日午前十一時より在京中国国民党の告別式を行ひ、翌二十四日国葬儀第一日を取行つた（中略）翌二十五日は外交団、二十六日は一般の礼拝を許し、四月二日午前十一時粛々たる行列にて西山碧雲寺に移され同処に於て南京紫金山（家族に宛てたる遺言に依る）の墓陵工事の竣成を俟つことゝなつた。尚孫氏未亡人、令息孫科並に戴天仇氏等〔国〕民党の重要人物は翌三日広東に向つて出発した。

『支那時報』第2巻第5号

2-16：〔増上寺における孫文慰霊祭〕
1925年5月9日、東京芝増上寺で開かれた孫文慰霊祭の祭壇。会の発起人は頭山満、犬養毅、渋沢栄一が務め、加藤高明首相ら日本政府首脳、生前孫文と交流のあった革命支援者、中国からの留学生など約350人が弔問に訪れた。

2-17：〔孫文慰霊祭の祭壇〕
2-16と同じ祭壇を間近で撮影しており、花輪等の奉納者として加藤高明、田中義一、後藤新平、小川平吉、渋沢栄一、犬養毅、頭山満、水野梅暁らの名前が確認できる。

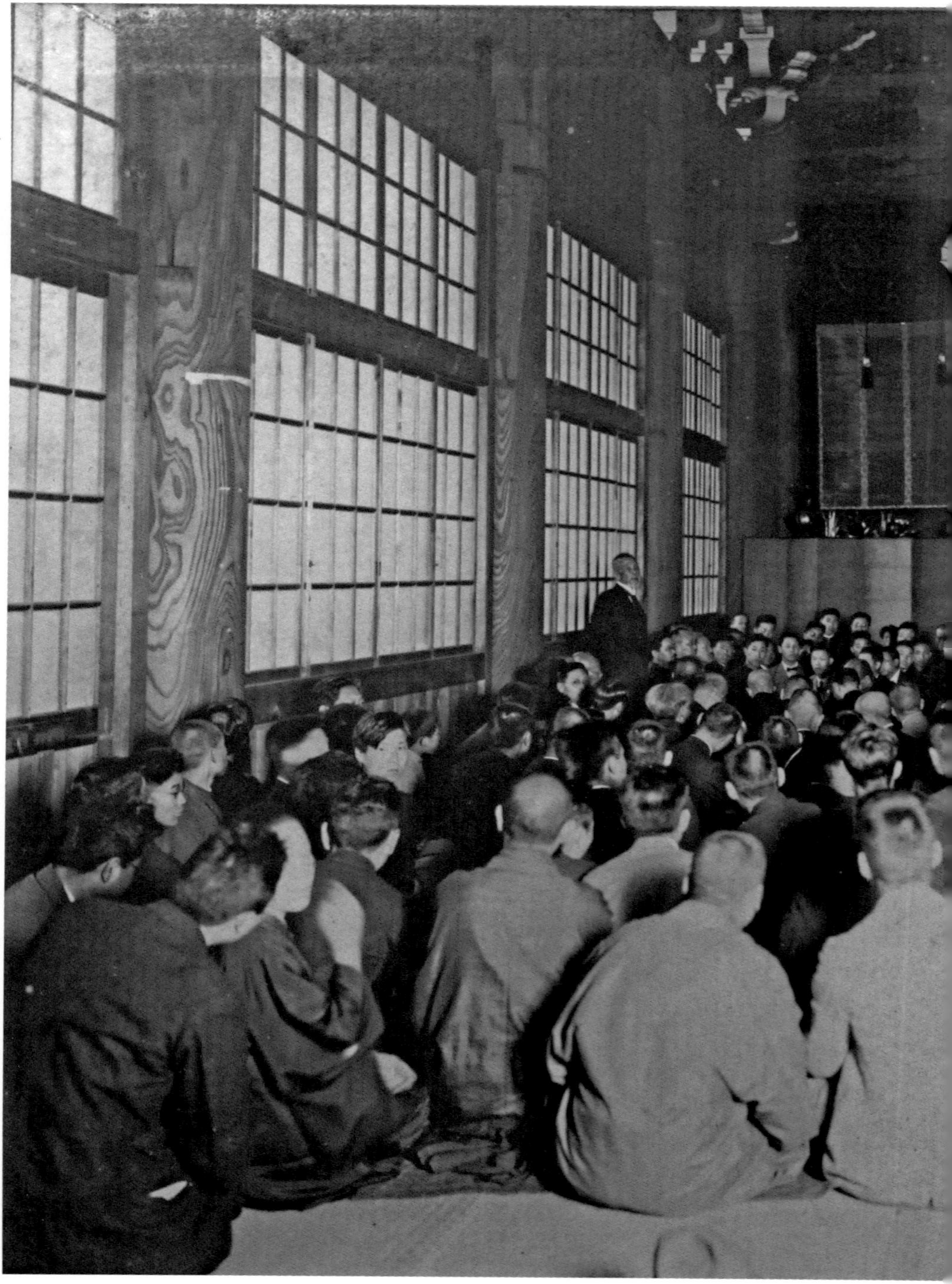

2-18：〔孫文慰霊祭後の談話会〕
増上寺での孫文慰霊祭開催後に行われた談話会の会場。はじめに犬養毅が孫文との思い出を語り、その後、萱野長知や朝日新聞記者の藤本尚則、広東政府代表の陳任楨ら、孫文に縁のある関係者が挨拶をした。画面左手で立って演説するのが犬養。

第 2 章：水野梅曉と中国革命

2-28：日友招待会
1929年6月に行われた孫文移霊祭に参列した関係者に謝意を表す目的をもって張継が来日した。本写真は1929年9月15日、張継の主催により東京で開かれた「日友招待会」での撮影。前列左から2人目が小幡酉吉、その右が頭山満。後列左から3人目が水野。ひとりおいて張継。後列右から2人目が萱野長知。萱野は、明治から大正初期にかけての大陸浪人。『革命評論』を創刊し、中国革命を援助した。

2-29：〔張継歓迎会〕

1929年9月9日、牛込神楽坂下の陶々亭支店で開催された会合での撮影。中列左から2人目より張継、ウ・オッタマ、頭山満、1人おいて古島一雄。張継の右後が水野。頭山の後ろに佃信夫。後列右から2人目が宮崎龍介。ウ・オッタマはビルマ独立運動に投じた仏教僧で、1939年に死去するまで数回来日した。古島一雄は、明治から昭和初期にかけてのジャーナリストで政治家。『万朝報』の主筆ののち、立憲民政党に入る。宮崎龍介は、大正・昭和の社会運動家・弁護士。宮崎滔天の息子で、無産政党の社会民衆党の結成に参加。

2-30：〔戴季陶〕

国民政府の政治家。戴天仇とも。1891年、四川省広漢生まれ。1905年に日本に留学し、東京帝大法科で学ぶ。留学中に中国同盟会に入る。帰国後、『中外日報』の編集などを経て、辛亥革命に参加する。第二次革命で袁世凱に命を狙われるが、水野梅暁らの助けで日本に亡命する。その後帰国し、国民党中央執行委員会委員、中央宣伝部長などを務め、孫文死後、『孫文主義基礎』、『国民革命与中国国民党』を執筆して、孫文の思想を理論化させた。満洲事変以後は、国民政府の要職を歴任した。1949年死去。

2-31：〔殷汝耕〕
民国期の政治家、知日派外交家。浙江省平陽生まれ。字は亦農。早稲田大学政経学科卒業。妻は日本人の井上民恵。辛亥革命では黄興とともに湖北省で革命運動に参加した。そのとき、水野梅暁と知り合ったと思われる。第二革命で日本に亡命する際、張継や戴季陶らとともに、水野の援助を受けた。その後、国民政府の知日派要人として活躍したが、1935年末、関東軍の華北分離工作に協力し、河北省通州に傀儡政権の冀東防共自治政府を成立させた。戦後、国民政府に漢奸として捕えられ処刑された。仏教に深く帰依し、処刑される際は念仏を唱えながら殺された。

2-32：〔殷汝驪〕
民国期の革命家、政治家。殷汝耕の兄。字は鋳夫。1883年、浙江省温州生まれ。早稲田大学留学中に中国同盟会に入る。中華民国成立後、衆議院議員に選ばれるが、第二革命に敗れて日本に亡命する。このとき殷は水野の助けを受けている。1914年に帰国し、北京政府財政部次長署理、国民政府福建省政府委員、福建塩運使、国民政府文書処参事などを務めた。1935年、殷汝耕が傀儡政権を樹立すると、それを批判し兄弟の縁を断ったという。1940年死去。

2-33：〔水野、殷汝耕、戴季陶ほか集合写真〕
前列左より、川崎万蔵、寺尾亨、水野梅暁。後列左から殷汝耕、戴季陶、仇鰲。1910年代に東京で撮影されたと推定される。

2-34：〔殷兄弟と水野〕

後列左から殷汝耕、殷汝驪。2人の足元でポーズを取るのが水野。殷兄弟は1913年、張継や戴季陶らと日本に亡命し、水野の手引きで東京大森の「浩然廬」（浩然吟社）に一時かくまわれた。浩然廬は主に李烈鈞の配下の亡命軍人たちが集まった施設で、日本語や日本軍人からの軍事教育が施されていた。写真台紙に天津の写真館の名前が入っているため亡命する1913年以前の写真と推定される。

2-35：〔水野・殷汝耕〕
東京で撮影された水野と殷汝耕の記念写真。

2-36：〔殷汝耕・井上民恵〕
井上民恵は高知県出身。早稲田大学在学中の殷汝耕と知り合い、1917年に結婚した。媒酌人は寺尾亨夫妻が務めた。結婚後、殷汝耕と中国に渡ると民恵は名前を中国風に民慧と改めた。

2-37：〔水野、頭山ほか集合写真〕
撮影時期、場所は不明。前列左から3人目より頭山峰尾（頭山満妻）、頭山満、民慧。後列左より殷体新（殷汝耕甥）、水野、佃信夫。殷汝耕一家は、水野ら日本の革命支援者と家族ぐるみの付き合いをしていた。

2-38：〔仇鰲〕
民国期の政治家。字は奕山。1879年、湖南省湘陽生まれ。日本留学中に孫文の知遇を得て、雑誌『民主報』を創刊する。間もなく中国同盟会に入り、革命運動に携わる。中華民国成立後、湖南交渉署外交司長や海関監督を務める傍ら、長沙の船山学社の経営に係わり、学社で学んだ毛沢東と親交を結んだ。その後、考試院銓叙部副部長、湖南省政府委員、国民参政会参政員などに任じられ、中華人民共和国成立後は全国政治協商会議委員を務めた。

2-39：〔許卓然〕
1885年、福建省泉州生まれ。1905年に同盟会に入り、革命運動に係わり、中華民国成立後は、厦門で雑誌を創刊し、革命宣伝に従事した。その後、孫文に従って護国戦争に参加。1924年、中国国民党福建党務特派員に任じられ、福建省での党運動の中心人物となった。その後、福建省政府参議、全省禁煙委員会常務委員を務め、アヘン撲滅運動に関わる。教育にも力を注ぎ、1929年に泉州黎明中学を創設した。1930年死去。

2-40：〔楊宣誠〕
民国期の政治家、外交家。字は朴園。1889年、湖南省長沙生まれ。若い頃、黄興の影響を受け、革命運動に関わる。1908年、日本に渡り、海軍兵学校に入校する。その間に中国同盟会に入る。中華民国が成立するとアメリカ留学を経て帰国し、湖南省政府秘書や、国民党軍事委員会参謀本部高級参謀、駐日公使館海軍武官などを務める。日中戦争中は国民党軍委参謀本部で主に情報と宣伝の業務に従事する。1943年のカイロ宣言の草案に日本に返還を求める占領地として澎湖諸島が含まれていないことを指摘し、これを宣言に盛り込ませた。1962年、台北で死去。

2-41：慶祝国民政府建都南京大会紀念撮影　中華民国十六年五月十七日
1927年6月、東京神田の中国基督教青年会講堂で開かれた国民政府南京建都慶祝大会に支那時報社社長として登壇した水野梅暁。左後方の模造紙には「八十年来東洋歴史ノ大改造■ニ於ケル華人ノ覚悟　水野梅暁」と演題が書かれている。

2-42：〔頭山満〕
頭山は1929年5月から6月にかけて孫文の移柩祭に出席するため水野や犬養毅らと訪中した（2-20～23,2-53参照）。南京（中山陵）へ赴いた後に浙江省杭州で開催された西湖博覧会を見学し付近を巡見した。本写真は岳飛墓前での撮影。水野が遺した写真の中には頭山の肖像写真が多数含まれており、両者の親交の深さを示している。

2-43：〔洋装の頭山満〕
東京で撮影された頭山満の写真。撮影時期は不明。写真台紙に「恵贈　水野賢兄」と頭山自筆のサインがある。洋装の頭山の写真は珍しい。

2-44：根津先生拾七回忌法要紀念　昭和十八年二月拾八日

写真裏書から根津一の17回忌における写真であることがわかる。左から2人目より頭山満、水野梅暁。根津は1927年3月14日死去した。

2-45：〔頭山、水野、お鯉ほか集合写真〕

右より水野梅暁、安藤照、頭山満。安藤照はかつて桂太郎の愛妾「お鯉」として知られた人物。1937年、無住となり荒れ果てていた東京目黒の五百羅漢寺の再興を発願、頭山満の援助を受け翌年、妙照尼として第35代住職となった。撮影年、撮影場所、水野との関係はいずれも不詳だが、安藤照が剃髪していないことから1938年以前と推定される。

93

2-46：〔宮崎民蔵〕
宮崎民蔵（1865-1928）は明治期の社会運動家。肥後国玉名郡（現熊本県荒尾市）に宮崎家の次男として生まれ、1885年から中江兆民の下で自由民権思想を学んだ。土地の均等配分を主張して土地復権同志会を設立するが大逆事件の影響で運動が弾圧された後、実弟の宮崎滔天とともに孫文の中国革命を支援した。

2-47：〔梅屋庄吉〕
梅屋庄吉（1869～1934）は実業家・アジア主義者。映画作成会社Mパテー商会を創設。1912年、当時あった映画会社を合併させて、日本活動写真会社を設立した。中華革命同盟会機関紙『民報』に出資し、頭山・犬養・宮崎らと共に孫文に対して活動費や武器などを提供した。ちなみに孫文の結婚披露宴は梅屋邸で行われた。このポートレートは梅屋が祁大鵬（外交部駐北平外交処長、北平中国大学総務長などを歴任）に贈ったもので、水野の手元に至った経緯は不明。

第2章：水野梅暁と中国革命

2-48：〔水野梅暁、萱野長知ほか〕
左が水野、右が萱野長知。中央の人物は不詳。

2-49：〔水野、頭山ほか集合写真〕
前列左から水野梅暁、犬養毅、頭山満、萱野長知。犬養と頭山の後ろに立つのが中華留日基督教青年会総幹事の馬伯援。1930年1月から3月にかけて、馬は孫文の伝記編纂に必要な史料を集めるため、孫文と係わりの深かった頭山・水野らを集めて、5回にわたり座談会を催した。

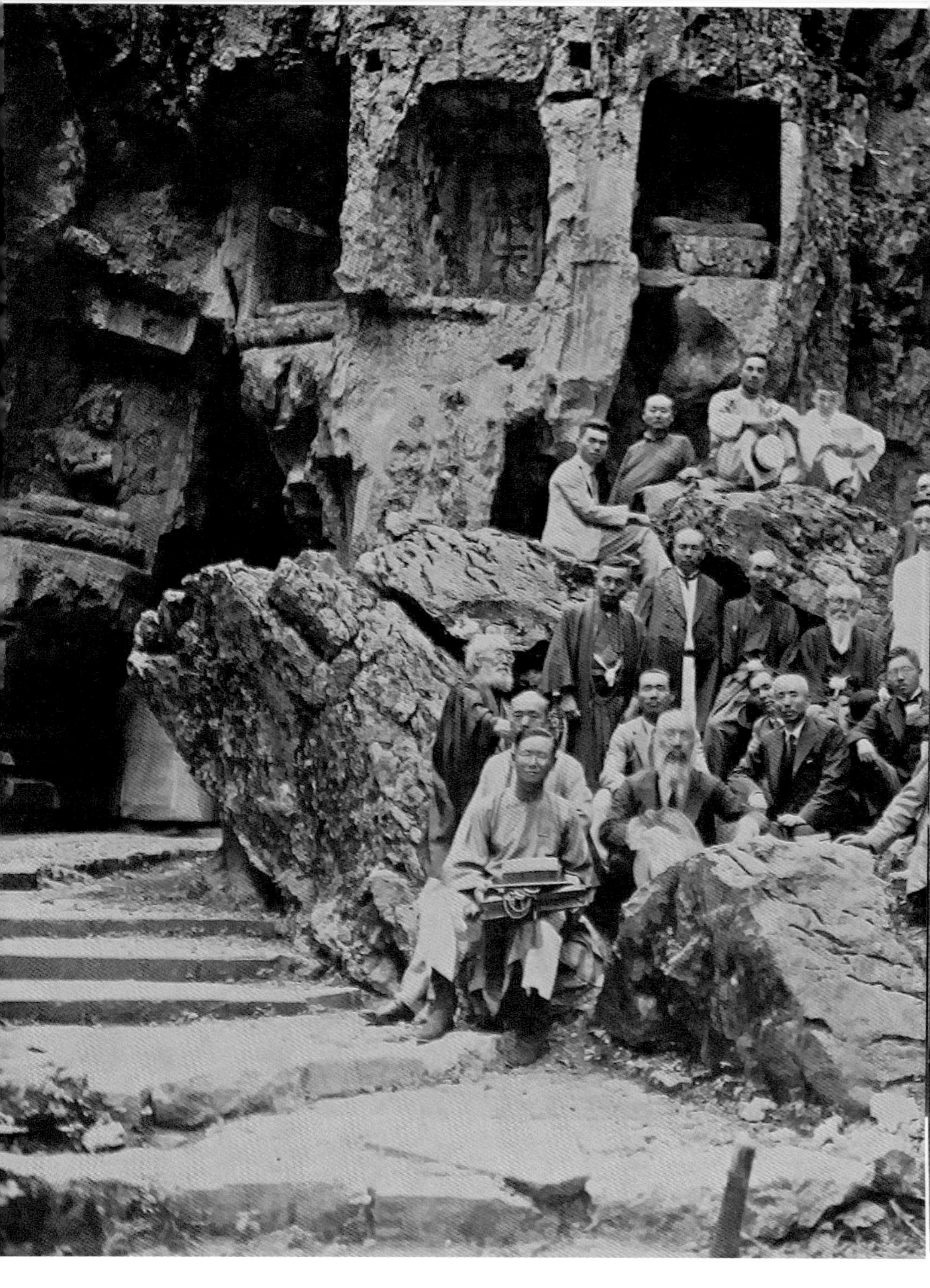

2-53：〔浙江省杭州訪問中の水野、頭山満、梅屋庄吉ほか集合写真〕
1929年6月、頭山満などは孫文の移柩祭に出席し、その後浙江省杭州において開催された西湖博覧会を見学した。本写真は杭州の陳英士（陳其美）銅像除幕式における記念写真で、水野、頭山満、梅屋庄吉、殷汝耕などが写る。台紙には殷汝耕による説明が記載されている。

2-54：〔水野、頭山満、頭山立助、殷汝耕ほか集合写真〕

本写真を複写した写真が別にあり、「上海（六月八日）月の家別荘頭山翁一行」の裏書があるが撮影場所、時期は不明。右上の円内に王一亭の写真が入れられていることから王による招待会などでの撮影であろうか。頭山立助は、頭山満の長男。

2-55：〔水野、望月圭介、床次竹二郎、頭山満、古島一雄、白岩龍平ほか集合写真〕

望月圭介は、明治から昭和初期にかけての政党政治家。立憲政友会の成立に関与し、田中義一内閣の逓信大臣となる。床次竹二郎は同時期の官僚、政治家。原内閣で内務大臣兼鉄道院総裁として入閣。白岩龍平は、日清貿易研究所の卒業生。日清汽船株式会社の専務取締役、東亜興業専務取取締役などを歴任。東京で撮影されたこと以外詳細は不明。

2-56：〔水野、頭山夫妻、萱野長知、柳原白蓮、宮崎龍介ほか集合写真〕
前列左端に柳原白蓮、その後ろに宮崎龍介が写る。頭山夫妻や萱野長知、水野らの顔ぶれから中央の新郎新婦は中国の革命・外交関係者であろうと思われるが詳細は不明。

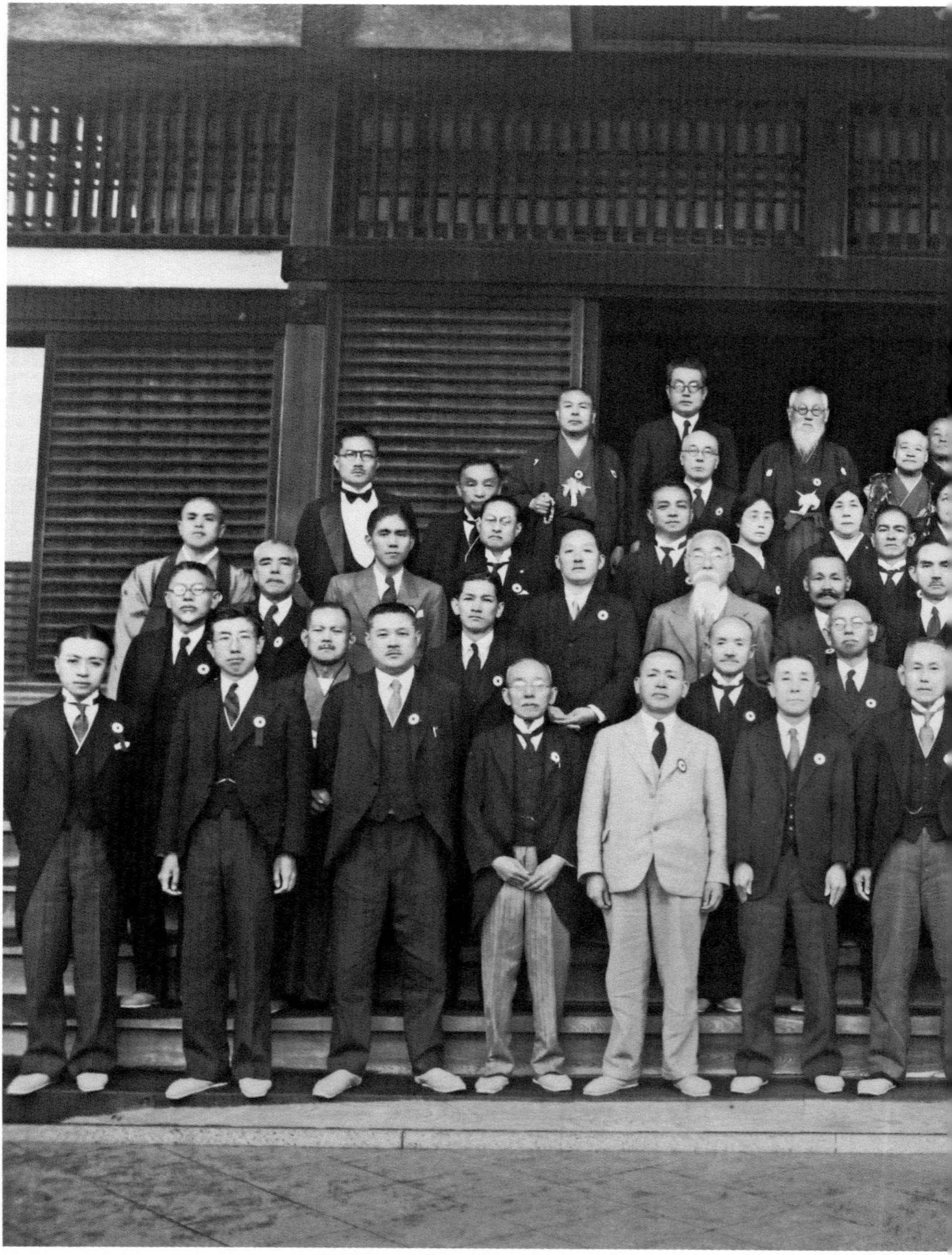

2-57:〔水野、頭山満、五百木良三、佃信夫、小村捷治、宮嶋大八、ボースほか集合写真〕
鶴見の総持寺前における写真。五百木良三は、愛媛県出身のジャーナリスト。日清戦争従軍記者の後、新聞『日本』に入社。宮嶋大八は、宮嶋誠一郎の息子で、善隣書院設立者。2列目右から3人目はインド独立運動家のラス・ビハリ・ボース。

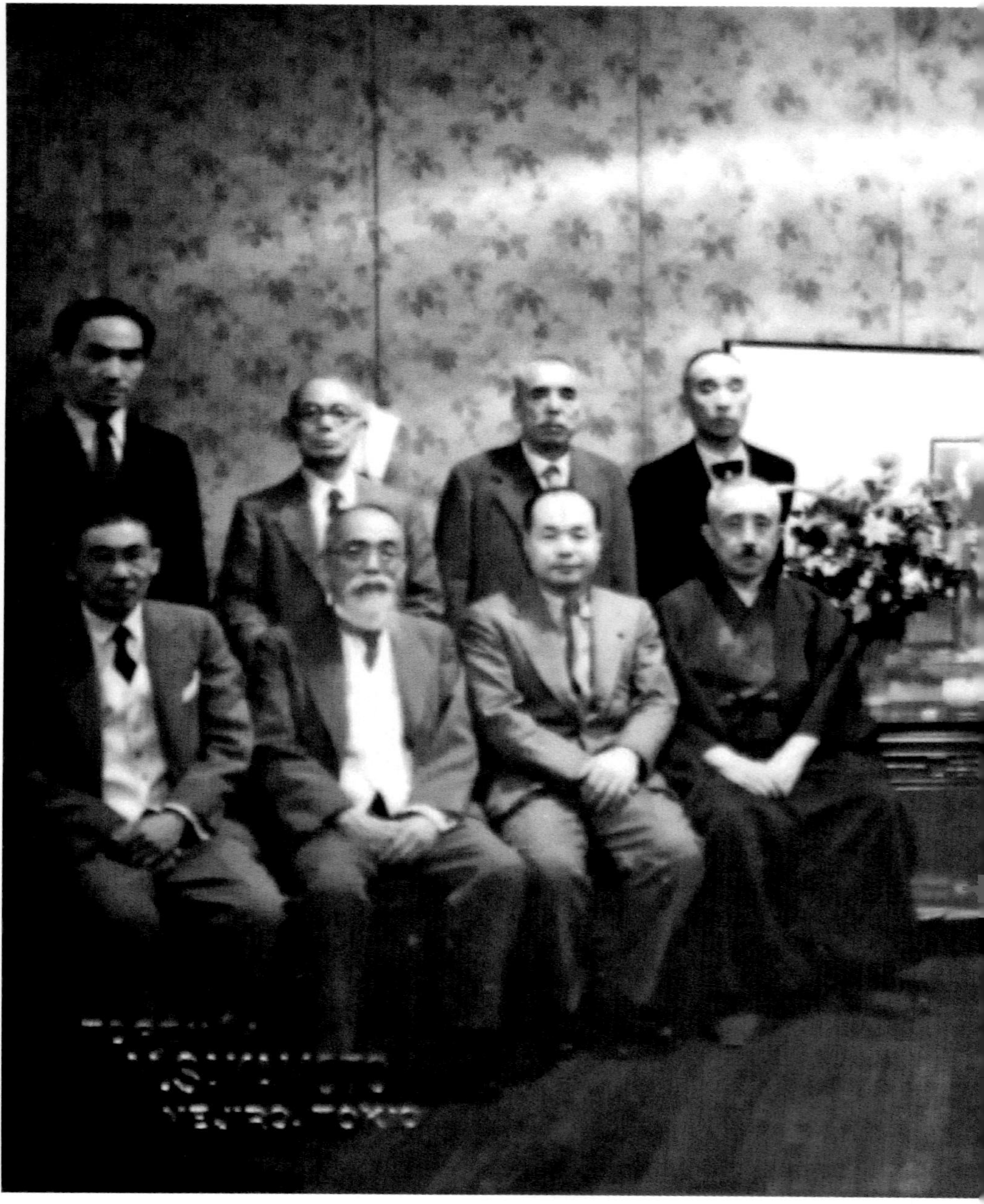

2-58：〔頭山満慰霊祭〕
1944年に死去した頭山満の慰霊祭での撮影と推定されるが時期や場所は不明。前列左から4人目が岡部長景、後列左から3人目が水野。

コラム4
「革命家」としての殷汝耕
——漢奸ではない新たな側面

　水野が遺した写真には数多くの中国人革命家の姿が収められている。そのなかに、まるで日本人のように袴や学生服を着こなす殷汝耕（字は亦農）がいる。殷は中国国民政府の知日派として著名であったが、日本の中国侵略に協力したことから、現在の中国では彼を漢奸（中華民族の裏切り者）とみなしている。

　1905年、官費留学生として日本に留学した殷汝耕は、中国人留学生専門の宏文学院に入学し、およそ3年間、勉学に励んだ。

　このとき殷汝耕が身につけた日本語能力は、日本人も舌をまいた。後に殷と知り合った中国文学者で、当時外務省在華特別研究員を務めていた奥野信太郎は、殷汝耕の日本語について、「北陸地方の人のやうにいくらか「リ」音が「ル」音に近く響く以外、殆ど完全な中央標準語」と評した。

　宏文学院を卒業した殷汝耕は、第一高等学校予科を経て、1909年、鹿児島第七高等学校造士館に進学した。この頃、殷は国民党の前身である中国同盟会に加入したと思われる。

　1911年10月、辛亥革命が勃発すると、殷汝耕は革命に参加するため、七高を抜け出して帰国し、長江沿岸で活動していた黄興の率いる革命軍に身を投じた。

　このとき、ちょうど南京周辺で野戦病院を開設していた水野梅暁は、清国軍、革命軍を問わず、戦傷者の手当てをした。当時の水野の日記に、殷汝耕が病院を利用したことを示す記述があり、この頃から殷と水野との関係が始まっていたことがわかる。

　中華民国成立後、国民党員となった殷は、1913年7月、孫文らとともに、独裁的な袁世凱の打倒を目指した第二革命に参加した。しかし、袁世凱の軍事力を前に革命が失敗に終わると、殷は逮捕を免れるため、実兄の殷汝驪や張継ら仲間とともに日本に逃れた。このとき、殷汝耕らは水野の仲介で東京大森の軍事学校「浩然廬」に匿われた。同校は予備役陸軍大尉の青柳勝敏が

冀東政府の指導者となった殷汝耕
（絵はがき、東亜観光株式会社発行）

冀東政府政庁正門（絵はがき、東亜観光株式会社発行）

設立したもので、日本に亡命した中国人革命家の拠点のひとつとなっていた。

　亡命中、殷汝耕は早稲田大学政経学科に籍を置き、水野をはじめ、頭山満や寺尾亨といった中国革命の支援者と親しく交流した。本書に収録されている殷の写真のほとんどは、この頃撮られたものと思われる。

　1917年8月、殷は大学在学中に知り合った高知県出身の井上民恵（民江。中国名民慧）と結婚した。媒酌人は寺尾亨夫妻が務めた。民恵の妹、服部ゆり子によると、民恵は熱心な日蓮宗信者で、殷は民恵に連れられて寺院を参拝しているうちに、同じく日蓮宗に帰依し、熱心に御題目を唱えるようになったという。

　その後、殷汝耕は広東軍政府駐日委員や関税特別会議顧問などで活躍し、1926年末、張作霖の部下であった郭松齢が反乱を起こすと、幕僚のひとりとして郭に協力した。この間も殷と水野の関係は続き、1924年10月、水野が『支那時報』を創刊した際に、殷は中国情勢をテーマにした論文を寄稿した。また、1927年9月、国民革命軍総司令を辞職した蒋介石が来日した際に、殷は通訳として同行し、水野も蒋介石が日本政府首脳らと会談できるよう取り計らった。

　殷汝耕の人生の転機となったのは、1933年秋、塘沽停戦協定により河北省東部（冀東）に成立した非武装地帯の行政監督の任務に就いたことであった。華北の分離独立を狙った関東軍は、1935年、殷を説得して非武装地帯に傀儡政権の冀東防共自治政府を成立させた。結果的に日本の侵略に手を貸した殷の行為に中国民衆は激しく反発し、殷を漢奸として非難した。

　戦後、国民政府に逮捕された殷汝耕は、裁判で傀儡政権を作った理由を問われると、「あのときは特殊な事情があり、あのような行為をせざるを得なかった」と、関東軍に迫られた当時の苦しい立場を訴えた。しかし、その真相については最後まで明言しなかった。

　今日、殷汝耕は漢奸という評価が定着してしまったため、それ以外の視点で再評価する試みはなされていない。本書に掲載した数枚の殷汝耕のポートレートは、いずれもこれまでまったく注目されてこなかった「革命家」としての側面を示している。本書をきっかけとして、今後、中国革命に殷汝耕がどのような役割を果たしたのか、関心が注がれることを期待したい。

（広中一成）

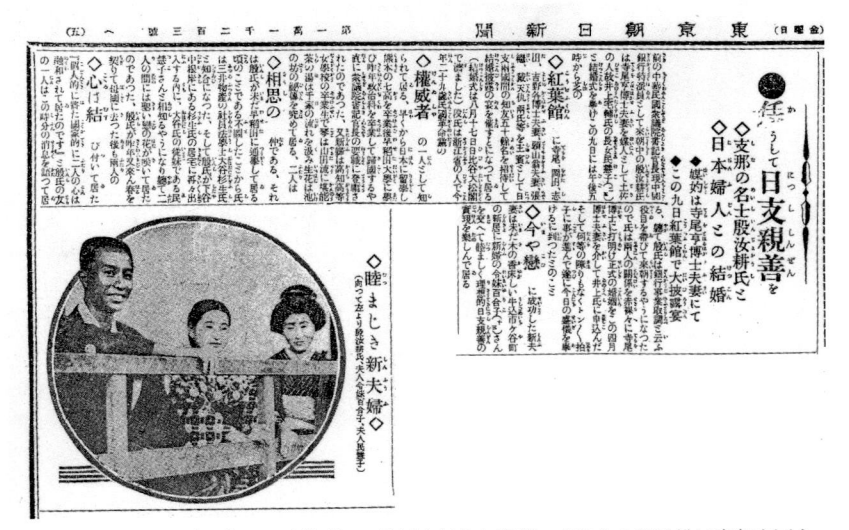

殷汝耕と井上民恵（記事では民慧子）の結婚を伝えた記事。当時から殷汝耕は青年中国人革命家として知られていた（『東京朝日新聞』1917年9月7日）

第3章 ── 水野梅暁と日中外交

　水野梅暁と中国との関わりは、まず東亜同文書院に学んだことに始まる。そして長沙での僧学堂の設立と現地要人・学者との交流を通じ、中国との関係は多面的なものとなっていった。一僧侶である水野が中国外交の分野にも深く関与するようになったのは、中国における布教権確保への志向からであった。現地における活動だけでは布教権の確立が困難であったことから、政治・外交分野で日中双方の要人と結ぶことによって権利の確保へ期待をかけたといえるだろう。

　水野は明治末に一旦帰国し、『讀賣新聞』や『中外日報』、『中央公論』といった新聞・雑誌に清国の現状や仏教の課題などを寄稿したり、各所で講演をするようになった。中国の内情をよく知る水野の言説は説得力があり、政治家や外交関係者の間で水野は中国通（当時の言い方では「支那通」）として知られるようになっていく。水野は辛亥革命の支援（第2章参照）を行い、また外務省嘱託として中国外交の裏面で様々な活動を行っている。さらに、水野の活動の中で注目すべきは対支文化事業（東方文化事業）との関わりである。対支文化事業は、北清事変（義和団事件）の賠償金と山東・背島関係の鉄道・鉱山・公有財産等の補償金を運用資金として1923年（大正12年）から開始された外務省の事業である（25年より日中共同運営、28年より日本単独事業）。中国人留学への支援や学術研究の促進、人的交流がその活動の主軸であった。[1]水野は対支文化事業のアドバイザー的役割を務めつつ、中国における人脈を活かして現地の要人と日本との橋渡し役を務めた。

　しかし中国側では1920年代中盤以降の日本の大陸進出に伴い、文化事業を共同で実施することへの反発が強くなっていく。水野は1925年の『支那時報』（第2巻第5号）の巻頭言において、中国側が文化事業を「侵略攪乱の具」であると主張することに反論する。中国側は、事業の実施機関が日本外務省であることを批判するが、外務省が主導するわけではなく「斯道の大家」の協力を得て「共同の精神を以て最も円満なる美果を収むとして居る」のであり、すでに実績も挙がっているとして批判を退けている。また、北清事変の賠償金を日本が還付しないことに対する不満には、「本会計法（筆者注：対支文化事業特別会計法）の趣旨が賠款の還付に非ずして、賠款を以て各種の文化事業を経営せんとするにあるを以て、無条件還付説は問題にならぬ」と一蹴した。今は日本が主導する事業も、軌道に乗った後は共同経営へ移行する予定であることを理解してほしいと呼びかける内容である。[2]

　1927年（昭和2年）から文化事業部長となった岡部長景とは長期にわたって親密な間柄となり、種々の情報交換を行っていたことが各種の史料から推

定される。昭和初期に水野が岡部に書き送った書翰には、文化事業の方針をめぐる日中の対立が深いことや、中国側要人との交渉において「温顔」をもって接触すべきことなどが記されている。岡部と水野の交流は終生続き、2人は複数回に渡って共に中国や満洲へ赴いた。岡部が水野の死後に記した回想には水野について「長く長沙に居て、支那人との交遊も深く、又政界や文化界にも懇意な人の多い支那通で、私もいろいろ教えられるところ多く、実に立派な方だと尊敬して居ました」という記述がある。文化事業に携わってはいても必ずしも中国問題の専門家ではなかった岡部が水野を信頼し、その援助を受けながら活動していたことが伺われよう。

水野は対支文化事業への参画以降、様々な文化政策に関わりを持っていく。1933年（昭和8年）に東方文化の保存と振興を目的として組織された日満文化協会（第4章参照）や、1937年に結成された東亜文化振興協議会の理事・委員就任などである。

後者は「東亜文化の振興と、防共戦線の強化を目標」とし両国学界の権威を東京に参集させて結成された組織で、東洋文化の研究機関設立や日中両国の言語学習の普及、教科書の改訂といった教育法面での文化活動に重きが置かれた。日本側は文部次官の伊東延吉を筆頭に服部宇之吉（帝大名誉教授）や岡部長景（東亜同文会理事長）、大蔵公望（東洋協会専務理事）といった中国政策の関係者・東洋学者などが名をそろえ、中国側においては林天枢・王謨（北平大学教授）、宋介（北京地方維持会委員）など教育者が参加した。水野は1937年12月5日の会議において「緊急動議」を表明している。水野の構想は、会議参加の委員を発起人とする"東亜文教会"を設立し文化提携事業を促進するというものであった。この事業の中核となる地域は北平(現北京)を中心とする華北一帯であり、日中戦争における日本の勢力範囲においてソフトパワーを用いて影響力を拡大するという意図があったのであろう。

水野は行政の肩書も持たず、また研究者ではないが、長い中国生活で得た知識と経験から中国通として政治・外交関係者から注目されていた。岡部長景をはじめとする対中国政策に携わる要人のアドバイザー的役割を務めえたのは、第5章で見るような広範な人脈があったからである。本章では、岡部長景との関係を中心に、水野の手元に残された写真から文化事業や中国外交に関する活動を紹介する。

注
（1）対支文化事業については、東亜同文会編『対支回顧録　上』（東亜同文会、1936）、阿部洋『「対支文化事業」の研究　戦前期日中文化交流の展開と挫折』（汲古書院、2004）などを参照。
（2）水野梅暁「文化事業を理解せよ」（『支那時報』第2巻第5号、1925年）。
（3）書翰の全文については、広中一成・長谷川怜・松下佐知子「鳥居観音所蔵 水野梅暁関係写真史料の紹介」（『同文書院記念報』23号、2015）を参照。
（4）尚友倶楽部・奈良岡聰智・小川原正道・柏原宏紀編『岡部長景巣鴨日記』（芙蓉書房出版、2015）には岡部の後年の回想録である「観堂随話」が掲載されており、その中に水野との思い出が綴られる。なお、ほぼ同内容の文章を『水野梅暁追懐録』にも寄稿している。
（5）大東文化協会東亜文教国策委員会『日支文化提携　東亜文化振興協議会速記録』（大東文化協会東亜文教国策委員会事務局、1937）。
（6）外務省嘱託として調査等を行うことはあったが、正規の役職ではない。

第 3 章：水野梅暁と中国外交

3-01：対支五団体歓迎会

1925年11月1日夕方、東亜仏教大会初日の日程を終えた中華民国仏教団は、後藤新平を代表者とする「対支五団体」（日華学会・東亜同文会・同仁会・東洋協会・日華実業協会）の招待を受け、東京丸の内の工業倶楽部で開催された歓迎茶話会に出席した。写真には奥の席に座る王一亭・水野梅暁・後藤新平の名前が記入されている。後藤と水野の間は太虚。水野は後藤と王一亭、太虚の間の通訳を務めた。

3-02:〔後藤新平〕

1857年（安政4年）仙台藩（現岩手県）水沢に生まれる。維新後、県庁に勤めさらに愛知県医学校の医師となった。内務省衛生局で医療行政に携わりドイツ留学後、1898年より児玉総督の下で台湾の民政長官となった。満鉄初代総裁、拓殖大学学長、逓信大臣、鉄道院総裁、内務大臣、外務大臣、東京市長などの要職を歴任。関東大震災の復興に尽力。ソ連外交（後藤ヨッフェ会談）にも力を注いだ。本写真は後藤から水野に贈られたもので、両者の間には文化事業等を通じて交流があった。

3-03:〔伊集院彦吉〕

1864年、鹿児島生まれ。大久保利通の娘婿。東亜同文会副会長。外務官僚として将来を嘱望されたが、本人の希望で当時のエリートコースではなかったアジア在勤となった。1920年、新設された外務省情報部長に就任。水野梅暁を外務省外郭団体である東方通信社の調査部長に招聘した。1922年に関東長官となり外務省を離れるが、翌年の第二次山本内閣成立に伴い外相に就任。水野が関東大震災において外務省の嘱託として留学生送還などに協力したのは伊集院との関係があったことも影響していると推定される。

3-04：東方文化事業上海委員会成立会紀念　中華民国十五年十二月六日
前列左より謝応瑞、木村事務官、新城新蔵、江蘇交渉公署員、慶松勝左衛門、片山正夫、巌智鐘、丁文江、山崎直方、林春雄、大内暢三、岸上謙吉、鄭貞文。後列左より寧波会館書記、秦汾、章鴻釗、余巌、伍連徳、胡敦復、文元摸、清水外務嘱託、島岡外務嘱託、吉田外務属。同会により上海自然科学研究所が1931年4月に上海のフランス租界内に設立された。

3-05：〔帝国学士院会館における東方文化事業総委員会〕
1926年11月20日に上野の帝国学士院会館で開催された対支文化事業（東方文化事業）第2回総会には、幣原外相や岡田文相、汪栄宝中華民国公使などが参加した。この会議では、文化事業交付金は上海・北京に2分して各事業に振り分けること、北京人文科学研究所事業については総委員会の決議を必要とすること、委員の任期は3か年とすることなどが決定された。中央が汪栄宝公使、最後列に岡部長景、その右に瀬川浅之進（総務委員）の姿がある。水野は参加していないが、文化事業に関わっていたことから水野にもたらされたものであろう。

第3章：水野梅暁と中国外交

3-06：〔水野、内藤湖南、岡部長景ほか集合写真〕
前列左2人目より坪上貞二、1人おいて岡部長景、服部宇之吉、内藤湖南。後列左3人目より芳沢謙吉、水野梅暁。坪上は外務省文化事業部長や拓務次官、満洲拓殖株式会社総裁などを歴任した。東京における撮影であること以外の来歴は不明だが、顔ぶれから対支文化事業に関する会合での撮影と推定される。

3-07：昭和九年十月初八　北京飯店にて
中央の白い帽子の人物が岡部長景。1934年10月に北京飯店前で撮影されたこと以外、詳細は不明。北京飯店は1900年、王府井に開業。

3-08：〔水野、岡部ほか〕
左から2人目より水野、1人おいて岡部長景。

第3章：水野梅暁と中国外交

3-09：昭和九年三月二十三日　闕鐸先生追悼会記念　於無私庵

3-10：〔水野、王一亭、頭山満、床次竹二郎ほか集合写真〕
撮影時期・場所等の詳細は不明。前列左より床次竹二郎、頭山満、王一亭。頭山の後ろが水野、その右が白岩龍平、1人おいて犬養健（犬養毅子息。1933年に外務省文化事業部の課長となり、文化宣伝・学術交換等の業務にあたる）。床次は1919年に結成された国家主義団体である大日本国粋会の世話役となり頭山を顧問に迎えている。こうしたつながりから頭山や水野と中国関係の会合に出席したものと推定される。

宋雲普敬贈

3-12：〔北京北海公園における水野・岡部〕
1942年に行われた岡部長景の華北視察に水野が同行した際の写真。北海公園における撮影。左から水野、岡部長景。

民國三十一年十月　百年紀念發起籌備會合影

經濟合菜

皇宮飯店

傅贊湘
酒井忠正
夏蓬居
張鳴岐
陳廷傑
岡部長景
劉永謙
曹汝霖
鄭惠南
水野梅曉
王宜宣
孔隙庭
吳子嘉

3-13：孔子二千五百年紀念発起籌備会合影
民国三十一年九月

3-12と同じ時期の写真。前列左より孔際庭、水野梅暁、曹汝霖、岡部長景、張鳴岐、酒井忠正、江朝宗、袁乃寛、宋蘊樸。後列左より呉子嘉、王宜宜、鄭恵南、劉永謙、陳延傑、夏蓮居、傅増湘、朱経古、李孝元。

第 3 章：水野梅暁と中国外交

3-14：〔帝国在郷軍人会塘沽新港分会入口前における集合写真〕

塘沽の在郷軍人会分会の建物前における写真。前列左から2人目より岡部長景、酒井忠正、水野梅暁。酒井忠正は貴族院副議長や農林大臣を務めた政治家。岡部と共に貴族院研究会に所属しており親交が深かった。岡部はこの後、新京（現長春）で開催された満洲建国十周年記念式典に参列し9月21日に帰国した。

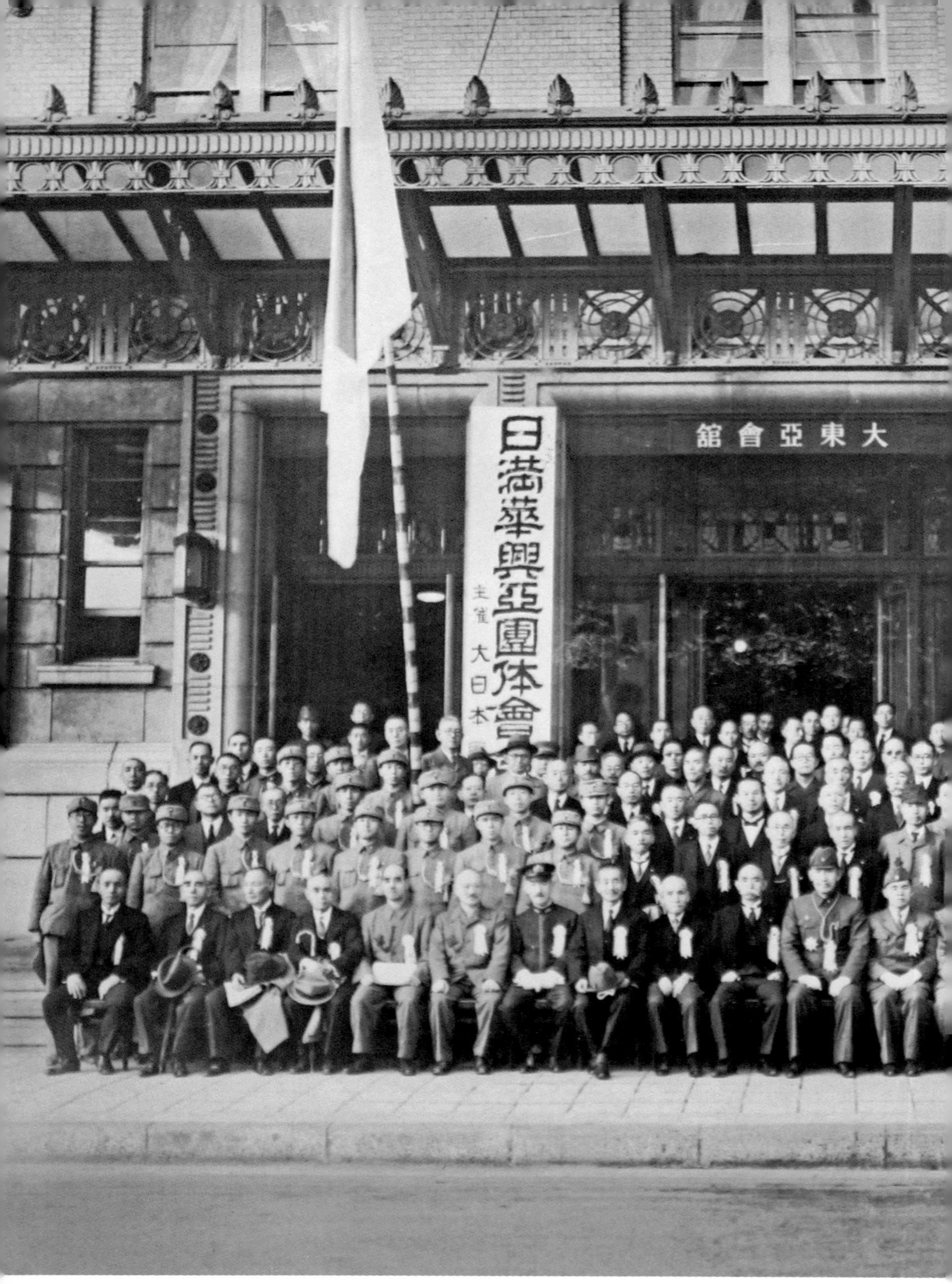
大東亞會館
日満華興亜團体會
主催 大日本

3-15：〔日満華興亜団体会集合写真〕

日満華興亜団体会は、満洲および日中戦争による日本軍占領地（華北・華中・華南）における国民運動を日本が提唱する「大東亜建設」の目標に合流・収束させるため1942年10月13日〜16日に東京丸の内の大東亜会館（現東京會舘）で開催された。日本側は林銑十郎（大日本興亜同盟代表）を中心に50名、満洲国協和会や華南・華中の東亜聯盟、新民会、蒙疆政権からの代表者を合わせて総計95名が参加した。2日目からの懇談では「日満華共同宣言具体化のための運動方策」、「興亜運動徹底化に対する組織の研究」が話し合われた。前列左から10人目が林銑十郎、その右が満洲国参議張煥相、国民政府林柏生。

コラム5
「対支文化事業」

　「対支文化事業」とは、1923年（大正12年）3月30日に制定・公布された「対支文化事業特別会計法」に基づく義和団賠償金及び山東・青島関係の鉄道・鉱山・公有財産等の補償金を運用資金とした、年250万円の規模で行われた事業で、内容は大きく四つに分類される。
  1　中国人留学生に対する学資補給とその教育
  2　北京人文科学、上海自然科学の両研究所をはじめ、東京及び京都に開設された東方文化学院など、中国及び日本国内における学術研究
  3　東亜同文会や同仁会などによる中国国内の教育／医療事業
  4　日中両国における人物交流など
である。これは、当時の殆ど全ての中国関係の文化事業を傘下に置くもので、外務省対支文化事務局により管轄された。
　同年有識者に事業について意見を求めたが、そのとき出された意見は、①政治的な思惑を離れた影響的・普遍的な事業を目的とすること（図書館等に限定するなど）②仕事全てを日本人で行わず、日中両国仁の共同運営とすること、③名称を「対支」ではなく「東方文化事業」などとすること、などである。以上の意見を受けて、1924年に外務省官制の改正にあたり、日本「単独」事業から日中「両国」共同となった。
　だが、1927年に文化事業部は亜細亜局から独立した。それは、混迷の度を深めていた中国関内と「満蒙」の状況を踏まえ、それに即した政策を統合的な立場から展開するよう迫られていた可能性があったからであった。
　また、この事業は中国では「文化」の名の下に行われる文化的な「侵略」と理解され、激しい反対運動が起こった。その後、『満洲日報』（1931.8.13）によれば、「兎角文化事業に対して否定的、圧迫的態度」をとる中国の国民政府に対して、日本もイギリスのように商業的目的に費用をつぎ込むべきであるとの意見が出ている。
　水野梅暁と文化事業部の長である岡部長景は懇意であり、岡部の回想録である『観堂随話』にも文化事業の話や水野の思い出が語られている。岡部の事業に対する思い入れは強く「私が主唱したようなものなのです」と、本人が語っていることからも分かる。岡部は、1928年には事業に関係する東亜同文会の理事でもあった。北京での日中友好の状況を水野が岡部に書翰で知らせており、よりよい日中関係のために、岡部と水野は緊密に連絡を取っていた可能性もある。
　　　　　　　　　　　　　　　　　　　　　　　　　　　　　（松下佐知子）

「岡部長景宛 水野梅暁書簡」（一般社団法人尚友倶楽部保管）
本史料は長らく岡部家に保存されてきたもので、これまで未公開であった書簡を今回特別にご提供頂いた。書簡の書かれた時期は不明ながら、本文に登場する人物の没年等から推測して大正末頃と推定される。それは、岡部が亜細亜局文化事業部長を務めていた時期であり、文化事業をめぐって水野との間でこうした様々な情報のやり取りがあったことが分かるであろう。

第 4 章：水野梅暁と満洲

4-01：〔日満文化協会発足時における関係者集合写真〕

1933年（昭和8年・大同2年）10月17日、日満文化協会が成立した。本写真は発会式において新京ヤマトホテル前で撮影した関係者の集合写真。
前列左より、宝熙、鄭孝胥、服部宇之吉、溥儀、内藤湖南、濱田耕作、羅振玉。後列左より袁金鎧、水野梅暁、林出賢次郎、1人おいて羽田亨、池内宏、溝口審査官。

満洲国皇帝 溥儀

4-02:〔愛新覚羅溥儀〕
溥儀は清朝第12代皇帝（宣統帝）。1912年、辛亥革命により退位し張勲の復辟により一時復位するがすぐに退位。1925年に天津の日本租界へ移転、1931年に日本軍の手引きで天津を脱出し翌年、満洲国執政、34年に皇帝として即位。

4-03：〔林出賢次郎〕

林出賢次郎は1882年、和歌山県生まれ。東亜同文書院第二期生。明治〜昭和の外務官僚。満洲国が「建国」されると満洲国執政府の行走（溥儀の秘書官）となった。林出が遺した溥儀と関東軍などとの会見の記録は「厳秘会見録」として知られる。戦後は泉岳寺に観音堂を寄進するなど仏教への信仰が篤かった。本写真の台紙書き込みから1937年に水野へ直接贈られたものであることが分かる。林出は満洲帝国の官服をまとい写真に収まっている。写真には水野によると思われる「満洲国侍従長　林出賢次郎」の記載がある。

第 4 章：水野梅暁と満洲

4-04：〔水野、内藤湖南、張景恵、菱刈隆、鄭孝胥、服部宇之吉、筑紫熊七、林出賢次郎など集合写真〕
新京における撮影。前列左から3人目より服部宇之吉、鄭孝胥、菱刈隆、張景恵、内藤湖南。2列目右端が水野梅暁。内藤湖南は、明治から昭和初期の東洋史学者。張景恵は、満洲国の政治家（遼寧省出身。張作霖軍閥に属したが、1922年失脚。1931年満洲事変後は、日本に協力）。菱刈隆は陸軍軍人で二度の関東軍司令官の要職にあった。菱刈がいることから1933～34年の撮影と推定。

4-05：〔鄭孝胥〕
清末から満洲国の政治家。1891年から日清戦争まで駐日公使館書記官、1924年以後は清室内務府弁事処で宣統帝の教育を行った。満洲国「建国」後は初代国務院総理・文教部大臣に就任した。1934年に来日するが、翌年関東軍と対立し辞任。1938年死去。

4-06：〔水野、鄭孝胥ほか集合写真〕
1934年頃。撮影場所不明。前列左から2人目が満洲国参議府参議の矢田七太郎（後に東亜同文書院大学学長）、1人おいて鄭孝胥。前列右端が水野梅暁。

4-07：〔無私庵において来日中の鄭孝胥を囲む関係者〕1934年3月30日
鄭孝胥は1934年3月に財政部大臣熙洽とともに来日した。水野は日満文化協会から登極の儀に参列するため渡満していたが、鄭孝胥の接待を行うため鄭の来日直前に帰京している。3月30日午前7時より渋谷の無私庵で岡部長景が主人役となり「朝粥の集い」が開催された。会合には床次竹二郎、頭山満、井上通泰、朝倉文夫、服部宇之吉、水野梅暁、犬養健などが参集した。鄭はその後、水野らと関西へ移動し内藤湖南を訪問した。

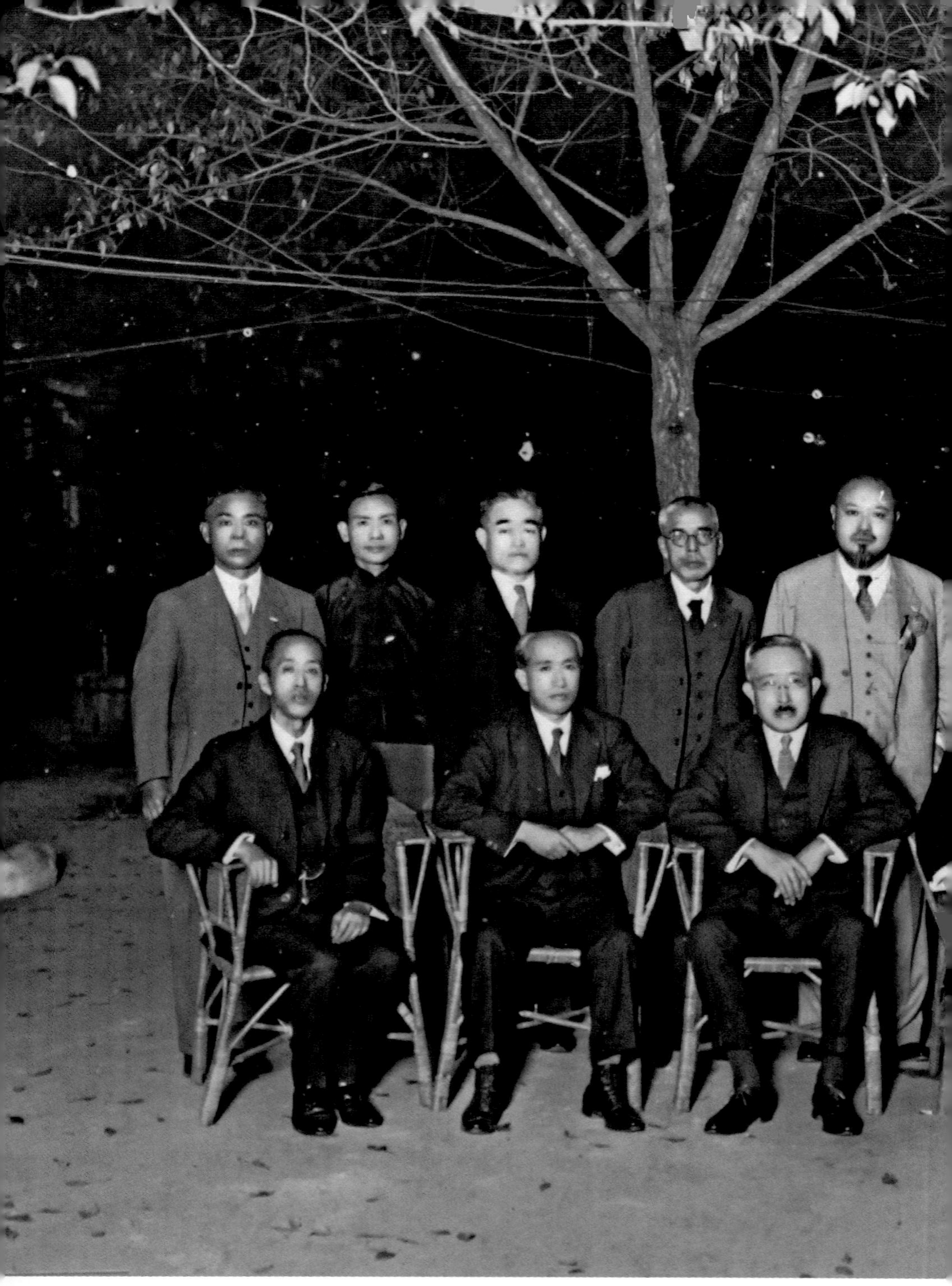

4-08：昭和九年岡部子爵小室翠雲氏一行丁満洲国交通大臣の招待に臨みたる記念撮影

1934年9月、新京（新京商業学校・泰発号百貨店）において日満聯合美術展覧会が開催されることとなり、120点の作品が満洲へ発送された。また、竹内栖鳳や横山大観など21名の大家による作品群は日満文化協会副理事の岡部長景や帝国美術院院長の正木直彦、小室翠雲らが直接携えて満洲へ向かった。これらの作品は溥儀へ捧呈された後、「御下渡」の形で展示され、哈爾濱、奉天、大連へ巡回した。本写真は絵画捧呈の一行が満洲国交通部総長である丁鑑修を訪問した際のもの。前列左より3人目が岡部長景、右隣が小室翠雲（群馬県出身の南画派画家）。後列左より4人目が水野梅暁、右隣が丁鑑修。

コラム6
「水野氏の殊勲」
水野梅暁の満洲語大蔵経"発見"

　1934年（昭和9年）2月3日の『東京朝日新聞』に「満洲語の大蔵経　熱河の喇嘛寺から研究の舞台へ　世界に二つしかない珍宝　水野（梅暁）氏の殊勲」という見出しの記事が掲載されている。記事には「世界的珍宝として各国学者が探し求めてゐた満洲文大蔵経」を水野梅暁が発見したと書かれている。満洲語大蔵経は乾隆帝がチベット語から翻訳させたもので、わずか3部しか印刷されなかったが、一部がフランスに、もう一部は日露戦争の際に日本へ持ち帰られたが関東大震災で焼失した。残る一部の所在は長らく知られてこなかったが、満洲国「建国」とその後に行われた熱河作戦で熱河地方が安定すると、水野は調査を行い、承徳の殊像寺において「発見」した。紙面には自邸において満面の笑みで取材に応える水野の写真も掲載されており、当時大きなニュースとして報道されたことが分かる。

　しかし、記事をよく読むと「数年前満洲医大のドイツ人教授が既に発見し北京発行の某英文雑誌に発表」されており、水野は第一発見者ではなく「日本人として始めてその所在を認めた」に過ぎない。所蔵する殊像寺の保存管理に不安があることから、水野はこれらの大蔵経を軍司令部の置かれていた承徳離宮内に移したという。その後、多田等観に大蔵経の調査を依頼するなど、文化事業の一環で学術分野での活用が目指された。（長谷川怜）

4-09：〔奉天の崇謨閣における水野ほか〕
崇謨閣を水野が関係者と共に訪問した際の写真。同アングルで人物の写っていない写真も残されている。1933年頃の撮影と推定される。

4-10：〔崇謨閣内の清実録か〕
崇謨閣内に保管される『清実録』と推定される。

4-11：〔影印本用に撮影した『清実録』〕
膨大な巻数の『清実録』を活字出版することは困難が伴うため、影印本として復刻出版された。撮影された「大清高宗純皇帝実録」、「大清文宗顕皇帝実録」表紙の写真が水野が遺した資料の中に含まれている。

4-12:〔『清実録』を印刷する単式印刷株式会社を視察した臧式毅〕

満洲国民政部大臣臧式毅は1935年1月に日本の行政制度視察を目的として訪日した。満洲国は、奉天(現瀋陽)の崇謨閣に所蔵されていた清朝の歴代皇帝の実録である『清実録』を写真印刷で出版する計画を進めており、当時奉天および東京芝浦の単式印刷で印刷が進められていた。1月19日、岡部長景や水野梅暁らの案内によって臧が印刷所を見学した際の写真。前列左から2人目より岡部長景、臧式毅。臧の後ろが水野梅暁。この訪問については当時の新聞記事でも写真入りで扱われた。

コラム7　新聞紙上の水野梅暁

　水野梅暁は仏教者であるとともに、中国問題のジャーナリストである。彼が主宰した雑誌『支那時報』をはじめとして、数多くの雑誌や新聞に水野の文章が掲載されている。現在、水野梅暁は一部の研究者を除いてはそれほど著名な人物ではない。だが、明治末～昭和において水野はしばしば新聞紙上に取り上げられ、時には写真まで掲載されており「中国通」の人物として比較的よく知られていたことがうかがわれる。

　ここでは、当時の大新聞のうち『東京朝日新聞』（1940年以降は『朝日新聞』）、『讀賣新聞』から水野梅暁が登場する記事件名を紹介する。これらからは水野の動向や言説を知ることができ、彼の事績の一端を明らかにするために有効な資料である。

　水野について報道したものおよび水野自身の寄稿文を合わせて一覧表とした。

（長谷川怜）

記事件名	新聞名	年月日
清国高僧来京	東京朝日	1905/6/14
趙爾巽の人物	東京朝日	1907/12/5
昨日の太平洋会　中清の動乱	讀賣新聞	1911/10/21
支那変乱と仏教家	讀賣新聞	1911/10/27
中外社の宗教講演	東京朝日	1911/10/28
悲惨極まる満人街	東京朝日	1911/12/21
本願寺救護病院	東京朝日	1912/2/10
北京から探偵が来て居る	東京朝日	1913/8/27
仏教徒首相訪問	讀賣新聞	1915/5/3
支那布教権運動	東京朝日	1915/5/27
支那布教旌功会	東京朝日	1915/10/26
憲政会茶話会	讀賣新聞	1916/11/21
東亜同文会大会	東京朝日	1916/11/26
憲政会茶話会	東京朝日	1916/11/27
光瑞師の還俗問題	東京朝日	1917/9/30
光瑞師還俗問題に就て語る	東京朝日	1917/10/1
光瑞師諫止を斥く	東京朝日	1917/10/13
憲政支那談聴取	讀賣新聞	1917/11/25
光瑞氏　近く南洋の山荘に帰る	讀賣新聞	1920/3/13/
憲政政務調査会	東京朝日	1920/12/15
天台智者大師の遺趾を訪ふ	東京朝日	1921/1/8
支那の不統一は憂ふるに足らない	東京朝日	1921/6/17
南岳より衡州へ	東京朝日	1922/2/15
憲政調査総会	東京朝日	1923/4/13
調査委員来朝　八日上海から乗船	東京朝日	1923/11/10
水野師帰る　昨日伊予丸で	東京朝日	1923/11/15
いばりくさる白人に根づよい憎しみ　水野梅暁氏語る	讀賣新聞	1925/7/13
日支仏教徒総会　打合せに支那に使して	讀賣新聞	1925/7/16
浅草観音の縁起を支那仏教徒が求む	讀賣新聞	1925/8/17
出淵次官　蔣氏と懇談	東京朝日	1927/10/26

記事件名	新聞名	年月日
出兵騒ぎの痛事は日本の年中行事か	讀賣新聞	1928/5/8
支那協約成る	東京朝日	1928/11/29
床次氏接待役に李烈鈞氏を	東京朝日	1928/12/6
李氏を委員に　床次氏歓迎	東京朝日	1928/12/6
新支那を巡りて【十六】　忘れ難い南京事件	讀賣新聞	1929/1/19
孫文移霊式招待者	東京朝日	1929/5/16
張継氏の招待	東京朝日	1929/9/10
僕の信念　支那時報社長　水野梅暁	讀賣新聞	1930/11/4
新京に国立の博物館設立	東京朝日	1933/9/9
満洲語の大蔵経　熱河の喇嘛寺から研究の舞台へ	東京朝日	1934/2/3
詩人宰相鄭孝胥氏、奥床しき注文	東京朝日	1934/3/21
雪の朝・カユの集い　鄭特使を迎へて	東京朝日	1934/3/31
鄭総理と内藤湖南博士	東京朝日	1934/4/10
臧大臣と清朝実録	東京朝日	1935/1/20
満洲実録　清朝秘史を公刊	東京朝日	1935/2/28
満洲国要人　日本の古文書に奇特な心遣い	東京朝日	1935/3/3
世界文化の視野へ　現れ出た満洲国	東京朝日	1937/1/17
対支関係団体招待	東京朝日	1937/7/14
北支文化使節来社	東京朝日	1937/12/13
対支工作に関し日本仏教徒に呈す	讀賣新聞	1938/3/27
我が学会を総動員　北支へ文化使節	朝日新聞	1938/5/13
思出の徐州大本営	東京朝日	1938/5/20
戦争美術展	朝日新聞	1938/6/1
人事消息	朝日新聞	1942/9/22
興亜総本部を強化	朝日新聞	1943/9/1
興亜総本部参与	朝日新聞	1944/11/22
水野梅暁師の葬儀	朝日新聞	1950/2/22

第 4 章：水野梅暁と満洲

4-13：〔鶴見総持寺における溥儀真影・真筆贈呈式〕

溥儀が総持寺に対して真影と真筆を下賜するにあたり1933年11月12日、「拝戴式」に弟の溥傑と婉容皇后の弟である潤麒が来日した。日本側からは頭山満を筆頭に床次竹二郎や水野梅暁などが出席した。一般参列者は数千名にのぼったという。本写真は仏殿前での関係者集合写真。日本と満洲国の国旗が交叉し、その中央に溥儀の真筆「華蔵在厳」が置かれている。中央に溥傑、左後ろが潤麒、右後ろが水野。溥傑から右に3人目が頭山、その右が床次。

4-14：〔贈呈式における日本側関係者〕
溥儀の真影・真筆贈呈式における日本側関係者。中央に頭山満、その左後ろに水野梅暁の姿が見える。

4-15：〔総持寺本堂〕
総持寺仏殿（1925年竣工、現存）前で溥儀の真影・真筆を迎え入れるために並ぶ僧侶たち。

4-16：〔総持寺本堂内の供養〕
総持寺本堂内での供養。中央上部に溥儀の真影、その下に真筆が掲げられている。
両側に下げられている聯（縦長の書）は鄭孝胥（満洲国国務総理）の揮毫である。

4-17：〔溥儀真影・真筆前の溥傑・潤麒〕
右から2人目が潤麒、その左が溥傑。

155

4-18：〔言葉を述べる溥傑〕
贈呈式において言葉を述べる溥傑。

4-19：〔寄進によって作成された真筆扁額〕
溥儀の真筆は総持寺において宝蔵に「秘襲」されたが、1940年11月、檀家の寄進によって木製扁額が完成した。また、鄭孝胥による聯も同じく彫刻され、「日満両国ノ親善ト興亜新体制ノ完遂ヲ念願スル」ため総持寺に奉納された。

156　　　　　　　　　　　　　　　　　　　　　　　　　　　　　第4章：水野梅暁と満洲

4-20:〔本堂に設置された真筆扁額〕
奉納された扁額を設置し披露する際に撮影された写真。上部には日満両国の国旗が飾られている。

4-21:〔真筆扁額の由来〕
1940年に奉納された溥儀真筆の扁額の由来記。1933年の真筆寄贈と、1940年の扁額寄進の由来が合わせて示される。

コラム8
鳥居観音と水野梅暁

平沼彌太郎

鳥居観音の由緒と平沼彌太郎
　白雲山・鳥居観音は埼玉県飯能市大字上名栗に位置する単立寺院である。開祖の平沼彌太郎は、1892年（明治25年）に名栗村で生まれ、飯能銀行会長、参議院議員（自由党）、埼玉銀行（現埼玉りそな銀行）初代頭取などを歴任した人物である。

　彌太郎の母である志げが観音信仰に篤く、観音堂を建立してほしいという遺言に従って彌太郎は1940年（昭和15年）に観音堂（現在の恩重堂）を建立した。これが鳥居観音の開基である。戦後、徐々に境内が整備され、現在は本堂、救世大観音、玄奘三蔵塔、鳥居文庫、仁王門など多くの堂や施設が点在している。

水野梅暁と平沼彌太郎・鳥居観音
　水野と平沼との関係は1935年（昭和10年）にさかのぼる。この年の5月、水野は脳溢血で倒れ、主治医柳川華吉の妻の実家である平沼家で療養生活を送ることになった。当初、寝たきりであった水野は規則正しい生活を送るうちに歩けるまでに回復した。以後、平沼家とは家族ぐるみの付き合いとなり、水野はしばしば名栗の平沼家を訪ねるようになった。鳥居観音の開基に際しても仏教者としての立場から様々な助言を行い、また恩重堂の柱に揮毫もした。

　太平洋戦争末期、東京が激しい空襲にさらされるようになると、平沼は東京市麴町区下六番町の水野自宅から家財道具をはじめとする水野の所持品を平沼家に疎開させた。これらの中には中国での活動に関わる様々な写真や要人から贈呈された書などが含まれ、その量は「行李二杯」分であったという。水野が戦後に平沼家で疎開させた荷を解いた時、「まるで子供のように眼を輝かせて、あゝこれも助かった、これもあったか」と大いに喜んだという。水野の死後、これらの資料は20年ほどかけて整理され、現在は鳥居観音内の鳥居文庫で保管されている。

　また、水野と鳥居観音の関わりの中で重要な意味を持つのが玄奘三蔵塔で

ある。これは、1942年（昭和17年）に南京で日本軍よって「発見」された玄奘三蔵の遺骨を祀った塔である。遺骨の一部が日本へ分骨されると、水野はその安置場所を定めるために心血を注ぎ、慈恩寺（埼玉県さいたま市岩槻区）に塔を建立する手はずを整えたが完成を見ずに水野は死去している。さらにその後、鳥居観音にもその一部が分骨され1960年（昭和35年）に玄奘三蔵塔が建てられたのである。

　水野は1949年（昭和24年）11月21日に最後の安住地であった慈恩寺で死去し、墓は鶴見の総持寺に建立された。生前「僕が死んだらここに埋めてもらい度いね」と語っていたことから分骨を受け、鳥居観音内にも水野の墓が安置された。

（長谷川怜）

(1) 白雲山・鳥居観音の詳細は公式HPを参照（www.toriikannon.org/）
(2) 平沼とみ「風のような人」（松田江畔編『水野梅暁追懐録』69-73ページ）。
(3) 松田江畔『鳥居観音と水野梅暁』（鳥居観音、1979年）。
(4) 玄奘三蔵の遺骨に関しては、坂井田夕起子『誰も知らない『西遊記』　玄奘三蔵の遺骨をめぐる東アジア戦後史』（龍渓書舎、2013）に詳しい。
(5) 前掲「風のような人」72ページ。

鳥居文庫

鳥居観音本堂

玄奘三蔵塔

鳥居観音内の水野梅暁墓

第5章 ─── 水野梅暁と中国人脈

　水野梅暁は、長い中国との係わりのなかで、中国仏教界や革命派以外にも、幅広い人脈を持っていた。水野が遺した写真からその人脈の一端をたどると、北京政府を支配した軍閥領袖、北京政府の外交官、芸術家の三つに分類できる。そのなかでも特に目を引くのが軍閥領袖との関係である。
北京政府とは、清朝を廃止させる代わりに孫文から臨時大総統の地位を譲り受けた北洋軍閥の袁世凱が成立させた政権で、1928年に蒋介石率いる国民革命軍に打倒されるまで、国際的に認められた中華民国の正統政権として君臨した。
　段祺瑞は1916年6月に亡くなった袁世凱の事実上の後継者として北京政府を支配した。しかし、まもなくして段と同じく袁の後継を主張する馮国璋と対立し、北洋軍閥は段の安徽軍閥と、馮の直隷軍閥に分裂した。
　靳雲鵬は、安徽軍閥の実力者のひとりで、徐樹錚、傅良佐、呉光新とともに、段祺瑞配下の「四大金剛」と呼ばれた。
　これに対し、呉佩孚は曹錕とともに、1919年12月に死去した馮国璋の後を継いで直隷軍閥を率いた。1920年7月、直隷軍閥は安直戦争を起こし、安徽軍閥を北京政府から排除した。
　馮玉祥は、はじめ直隷軍閥に属したが、1921年、陝西督軍に任じられると、中国西北地方を地盤とする西北軍閥を形成した。その後、呉ら直隷軍閥と政治的対立を深めた馮玉祥は、1924年9月、第二次奉直戦争が勃発すると、奉天軍閥の張作霖に味方し、北京で軍事クーデターを起こして直隷軍閥を敗走させた。

しかし、次第にソ連と関係を深める馮玉祥と張作霖との間で対立が激化し、1926年1月、馮は北京政府を離脱した。
　段祺瑞も排除し、北京政府を牛耳った張作霖は、中国統一を目指す国民革命軍の前に敗れ、1928年6月4日、再起をかけて北京から本拠地である奉天に列車で戻る途中、関東軍河本大作高級参謀らが仕掛けた爆弾によって殺害された。
　水野が革命派と親しくしていたことは知られているが、革命派と対立関係にあった北京政府の指導者とも友好関係を築いたのはなぜか。東亜同文書院で水野の後輩にあたる太田外世雄によると、「梅暁師は予(かねてより)而中日の友交(ママ)を文化的方面に求めて居られたので、紛糾した中国の政局に対して何れの一方に加担する様な態度はとらず、如何なる場合に於ても中日連合して其文化と道義の昂揚することに協力すると云ふ方針を以て居られた」[1]と、水野が北京政府側とも係わりを持った理由を語った。

注
（1）太田外世雄「水野梅暁師への思い出」、松田江畔編『水野梅暁追懐録』（私家版、1974年）、21頁。

5-01：段祺瑞 段執政遺像及遺嘱
安徽省出身の中国軍閥。字は芝泉。袁世凱の下で武衛右軍に就任。袁の死後、国務総理となる。寺内正毅内閣との結びつきが強く、1918年日華軍事協定を結ぶ。しかし、寺内内閣総辞職により後ろ盾をなくした。その後の日貨排斥運動により勢力は失墜した。なお、本資料は印刷物である。

5-02：〔張勲〕
1854年、江西省奉新生まれ。字は少軒。袁世凱のもとで練兵に参加。義和団の鎮圧に功をなし、江西提督に任じられる。辛亥革命後も清朝帝制の復活を支持する。両江総督兼南洋大臣、江蘇都督軍、長江巡閲使などを務め、1917年、北京政府の政治混乱に乗じて辮子軍を結成し北京を占領、溥儀を復位させた。しかし、まもなく段祺瑞軍の反撃を受け敗退した。

5-03:〔靳雲鵬〕
1877年、山東省済寧生まれ。字は翼卿。民国期の直隷派軍人・政治家。北洋武備学堂砲科卒業後、北洋軍閥の段祺瑞に従い武功を重ね、北京政府成立後は陸軍次長や山東省都督などを務めた。さらに、1919年1月、銭能訓内閣で陸軍部総長に就任し、9月には国務院総理を兼務し臨時内閣を発足させた。1921年、曹錕ら直隷軍閥との政争に敗れて政界を引退し、以後、天津で隠棲した。

5-04:〔呉佩孚〕
1874年、山東省蓬莱生まれ。字は子玉。民国期の直隷派軍人。保定武備師範学堂卒業後、北洋軍閥袁世凱のもとで頭角を現し、袁世凱死後は、曹錕や馮国璋とともに直隷軍閥の実力者となる。1922年の第一次奉直戦争では、張作霖率いる奉天軍閥に勝利したが、1924年の第二次奉直戦争では、馮玉祥の北京政変に遭い、一時下野した。その後、張作霖と和解したが、1927年、北伐軍に敗れて引退した。日中戦争が始まると、日本側から協力を求められるが拒否した。1939年、死去。

5-05:〔盧永祥〕
1867年、山東省済陽生まれ。字は子嘉。民国期の安徽派軍人。袁世凱の新建陸軍に入り頭角を現す。1914年、陸軍第十師師長に任じられ、上海を守備した。その後、淞滬護軍副使、浙江督軍などを務めたが、1924年、江蘇軍閥の斉燮元に敗れて日本に逃れた。その後、帰国し、蘇皖宣撫使や江蘇督軍を務めたが、奉天軍閥の圧力を受けた辞職した。1933年死去。

5-06:〔齊燮元〕
1885年、河北省寧河生まれ。字は撫万。民国期の江蘇派軍人。保定促成武備学校卒業後、日本陸軍士官学校に入校。帰国後、陸軍軍人として活躍し、江蘇督軍として江蘇軍閥を形成した。1924年、第二次奉直戦争のきっかけとなる江浙戦争を起こした。その後、いちじ日本に逃れたが、1931年、国民政府軍事委員会北平分会顧問となり、1935年末、北京に冀察政務委員会ができると委員に就任した。日中戦争勃発後、日本に協力し、傀儡政権中華民国臨時政府の治安部総長に任じられた。戦後、漢奸として捕えられ処刑された。

5-07：〔馮玉祥〕
1882年、直隷省青県生まれ。字は煥章。民国期の直隷派軍人。辛亥革命に参加し、その後、北洋軍で軍歴を重ねる。特に陝西督軍や西北辺防督辦を務め、西北地方の軍事実力者となる。1924年10月、北京政変を起こし、張作霖と北京政府を支配するが、まもなく、国民革命軍に転じた。日中戦争では、国民革命軍の司令長官として転戦し、戦後は国民党中央政治委員会主席に任じられた。国民革命軍に参加した馮玉祥を取材した水野は、馮が国民革命に協力していることを評価した。

5-08：〔岳維峻〕
1883年、陝西省蒲城生まれ。字は西峰。1905年に同盟会に入る。陝西靖国軍第四路司令、陝西大一師旅長などを経て、1924年、馮玉祥の国民軍に参加する。1927年、馮とともに国民革命軍に加わり、第三軍副軍長などを務める。1931年、鄂豫皖ソビエト区を攻撃中、紅軍に捕えられ、1932年処刑された。

5-09：〔張作霖〕
1875年、奉天省（現在の遼寧省）海城生まれ。字は雨亭。民国期の奉天派軍人。若くして馬賊に身を投じ、日露戦争後、清朝に帰順して革命派の弾圧で頭角を現した。1916年、奉天督軍兼省長に就任し、満洲の政治と軍事の実権を手に入れて奉天軍閥を形成した。日本と提携して力を蓄えると、中央政界に進出を試み、1924年、第二次奉直戦争で勝利し、馮玉祥とともに北京政府を支配した。しかし、1928年6月、蔣介石率いる国民革命軍が北京に迫ると、北京を脱出して奉天に逃れた。その途次、奉天近郊で関東軍の河本大作参謀らの謀略（張作霖爆殺事件）に遭い殺害された。水野は『支那時報』の紙上で、張作霖が中国政治を混乱させたとして厳しく批判している。

5-10：〔許世英〕
1872年、安徽省貴池生まれ。字は俊人。清朝政府に出仕し、刑事部主事、奉天高等審判庁長などを務めた。中華民国成立後、段祺瑞の安徽派に属し、段内閣で内務総長、交通総長に任じられた。1925年、国務院総理に就任したが、まもなく退陣し、しばらく、社会運動に携わった。1936年、駐日大使に就任し、盧溝橋事件では日本側に抗議の声明を提示した。

5-11：〔梅光羲〕
1880年、江西省南昌生まれ。字は擷雲。挙人。楊文会に弟子入りし、仏教を学ぶ。早稲田大学留学後、清朝政府に登用され、司法行政に携わる。中華民国成立後、北京政府で交通部航政司長、蒙蔵院第一司長、済南高等検察庁長、国民政府で江西高等法院院長などを務めた。梅は仏教居士で、東亜仏教大会の開催に協力した。

5-12：葉恭綽
1881年、広東省番禺生まれ。字は裕甫。北京政府の政治家。京師大学堂卒業後、郵電部に入り、中華民国成立後は、交通部次長、同総長、交通大学校長など、交通系の要人として活躍した。日中戦争が始まると香港に逃れた。書画にも秀で、中華人民共和国成立後、北京画院院長を務めた。また、中国語の発音表記であるピンインの普及にも携わった。1968年北京で死去。

5-13：〔江朝宗〕
民国期の安徽派軍人、政治家。安徽省旌徳生まれ。字は宇澄。袁世凱に仕えた後、張勲の復辟に参加。その後、正黄旗満洲都督を務めるが、一九二八年、北平で隠棲。日中戦争が始まると、今井武夫北平武官の説得を受けて北平治安維持会を設立し北平市長に就任した。中華民国臨時政府が成立すると議政委員会委員に任じられた。居士として北京仏教界に力を持った。一九四三年、病死。

5-14：〔許汝棻〕
字は魯山。1863年、江蘇省丹徒生まれ。進士。福建財政監理官などを務めた地方官僚。満洲国が成立するとこれに参加し、国務院次長を務めた。

5-15：〔馬振憲〕
民国期の居士。馬冀平の名でも知られる。安徽省桐城生まれ。挙人。日本留学後、国史館協修、弼徳院秘書などを務め、中華民国成立後、弁護士を経て、安徽高等審判庁長、京奉鉄路管理局総務処長、安徽財政庁長、安徽省外交特派交渉員などを務めた。1919年、居士として仏学の研究に入る。水野とは外交特派交渉員として湖南省蕪湖に駐在していたときに知り合った。

5-16:〔王巘煒〕
1887年、湖北省黄岡生まれ。字は齡希。法政大学留学後、官僚の道に進み、北京政府司法部参事、内務部次長、交通部次長、蒙蔵院副総裁などを歴任した。戦後は国民政府行政法院院長を務めた。

5-17:〔湯中〕
1882年、江蘇省武進生まれ。字は野民。日本留学後、北京政府の教育行政に従事し、1920年に教育部から日本の学校教育の視察に派遣された。その後、教育部次長に進み、中国の教育法規の制定に尽力した。写真は日本へ視察に訪れた際に、水野に贈られたものと思われる。

5-18：〔呉景濂〕
奉天省寧遠生まれ。字は蓮伯。民国期の軍人、政治家。1906年、京師大学堂卒業後、奉天師範学堂監督、奉天全省教育総会会長を務め、中華民国が成立すると、南京臨時参議院参議員、北京臨時参議院議長、国民党副理事長などに任じられた。その後、護法軍政府高等顧問、衆議院議長などを経て、直隷派の政治家として北京政府で活躍するが、1924年、馮玉祥による北京クーデターによって失脚し、隠棲した。

5-19：〔徐謙〕
1871年、安徽省歙県生まれ。字は季龍。進士。清朝政府に出仕し、翰林院編修、京師審判庁長、京師高等検察長などを務める。中華民国が成立すると、中国国民党に加入する。パリ講和会議に参加し、その後、国民党中央執行委員会常務委員や国民政府司法部長などを務めた。日中戦争勃発後は、国防委員会委員、国民参政会参政員を務めた。1940年死去。

5-20：〔王正廷〕
1882年、浙江省奉化生まれ。字は儒堂。民国期を代表する外交家のひとり。天津北洋大学などで学び、その後、日本とアメリカに留学。辛亥革命に参加し、中華民国成立後、唐紹儀内閣農商部長、代理総長、参議院副議長、同議長などを務めた。1919年のパリ講和会議に中国代表団として参加し、以後、北京政府と南京国民政府で外交総長を歴任し、不平等条約の撤廃と外国利権回収を掲げた「革命外交」を推し進めた。1936年に駐米大使に任じられ、その後、中国紅十字会会長、交通銀行董事を務めた。1961年、香港で死去。

5-21：〔朱伯箴〕
1884年、江西省蓮花生まれ。明治大学卒業後、南京臨時参議院参議員を務め、1918年のパリ講和会議では護法軍政府代表の王正廷の随員として出席した。その後、広東軍政府外交部司長、江西省政府教育庁長などを務めた。写真は1923年3月、朱が教育視察で来日した際に撮られた一枚である。

5-22：〔温世珍〕
1867年、広東省台山生まれ。字は欽甫。香港皇仁書院卒業後、アメリカ留学。帰国後、北洋大学教習、両広洋務局局長、駐蔵参賛大臣、外務部参議などを歴任し、中華民国成立後は、駐滬通商交渉使、国民公党副会長、広東軍政府外交部長などを務めた。1920年以降、政治の表舞台から姿を消したが、日中戦争が始まると日本に協力し、中華民国維新政府立法院院長や汪兆銘政権司法院院長などに任じられた。戦後、漢奸として捕えられ、1947年処刑された。

5-23：〔黄郛〕
民国期の政治家、知日派外交家。字は庸白。1880年、浙江省紹興生まれ。1904年に日本に留学し、東京振武学校で学ぶ。1905年、同盟会に入る。辛亥革命では滬軍第二師師長に任じられる。中華民国成立後、南京臨時政府兵站総監、江蘇都督府参謀長などを務めるが、第二革命に敗れ日本に逃れる。帰国後、反袁世凱運動に加わる。1921年、ワシントン会議に参加した後、北京政府外交総長に就任し、1924年には代理国務総理を務めた。国民政府では上海特別市市長、外交部部長を務め、知日派として対日交渉に力を尽くした。1936年死去。

5-24：〔張善孖・張季爰〕

張善孖（下）・季爰（上）兄弟。季爰は張大千の名で特に知られる。四川省内江生まれ。ふたりとも近代中国で著名な画家。兄善孖は号を虎痴とし、若くして同盟会に入って革命活動に参加。中華民国成立後は国務院参議、直魯巡閲使署顧問などを務めた。その後、官を持して絵画の創作活動に入った。弟の季爰は幼くして絵画の才を発揮し、1925年に上海で個展を開いたり、南京中央大学美術系教授などを務めた。1940年から2年あまり、敦煌の莫高窟に住み込んで、壁画の模写を行った。戦後はアメリカや台湾に移り住んで、創作活動を続けた。多くの贋作を制作したことでも知られる。

5-25：〔張善孖、張大千、水野ほか集合写真〕

前列中央が水野。その左隣が張善孖。後列左端が張大千。張兄弟と水野は民国初頭から関係があったと思われる。写真台紙に記載された写真館名から上海での撮影と推定される。

173

5-26：〔支那名家書画展覧会看板前における記念写真〕
1927年5月、東亜芸術協会所属の銭化仏、張善孖、李守正、曾漸逵の四人の書家が来日し、仏教寺院を参観したあと、6月22日・23日の2日間、東京芝増上寺で作品展覧会を開催した。水野は展覧会の発起人のひとりとして名を連ねた。

5-27：〔支那名家書画展覧会関係者集合写真〕
5-26と同様に支那名家書画展覧会の開催時に撮影された写真。前列右から3人目が水野梅暁。

5-28:〔周肇祥〕
1864年、浙江省紹興生まれ。字は養庵。挙人。近代中国を代表する画家のひとり。1910年、奉天警務局総辦に就任し、中華民国が成立すると、京師警察総監に転じた。その後、湖南省長、臨時参政院参政、北京古物陳列所長などを務めた。1926年6月、東京で開かれた日華聯合絵画展覧会に中華民国代表画家の1人として来日した。

5-29:〔方洛〕
安徽省桐城出身。字は子昜。号は饕菊廬主、龍眠八郎、貫一斎主人など。祖先のひとりに清代桐城学派の重鎮の方望渓。幼い頃から詩文に才能を発揮し、文人画を好んだ父の影響で画家となる。30年間あまり、中国各地を巡って研鑽を積んだ後、北京国立美術学校の教授に就任した。1924年秋から約3年間、日本に滞在し、各界の人士と交流した。このとき、水野梅暁とも交流があった。

5-30:〔欧陽予倩〕
1889年、湖南省瀏陽生まれ。日本留学中の1907年、中国人留学生による芸術団体の春柳社に入り、演劇活動を開始する。その後、京劇に転じ、梅蘭芳と並び称される役者となる。話劇や戯曲、映画の分野にも深く係わり、日中戦争中は劇団を組織して抗日宣伝に従事した。人民共和国建国後は中国戯劇学院院長、中国戯劇家協会副主席などを務めた。

5-31:〔呉昌碩歓迎会〕
水野、褚民誼、呉昌碩他集合写真。褚民誼は、1942年に中華民国政府訪日特派大使となり、同年六月一日に天皇に拝謁している。また、呉昌碩は中国の画家。弟子に水墨画家の西晴雲がいる。

第5章：水野梅暁と中国人脈

水野梅暁写真集　人物索引

【凡例】
・本書中に登場する人物を五十音順に掲載した。
・水野梅暁はほとんどの写真に写るため省略した。
・中国の人名については日本語読みで表記した。
・人名の後ろにはその人物が写る写真番号を示した。

あ
青木宣純（あおき のぶずみ）2-15
朝倉文夫（あさくら ふみお）4-07
有吉明（ありよし あきら）2-15
安藤照〈お鯉〉（あんどう てる〈おこい〉）2-45

い
五百木良三（いおき りょうぞう）2-57
池内宏（いけうち ひろし）4-01
伊集院彦吉（いじゅういん ひこきち）3-03
犬養健（いぬかい たける）3-10,4-07
犬養毅（いぬかい つよし）2-12,2-13,2-18,2-49
犬塚信太郎（いぬづか しんたろう）2-01
井上民恵〔民慧〕（いのうえ たみえ〔みんけい〕）
　　2-36,2-37,2-57
殷汝耕（いんじょこう）2-01,2-31,2-33,2-34,
　　2-35,2-36,2-50,2-52,2-53,2-54
殷汝驪（いんじょれい）2-32,2-34
殷体新（いんたいしん）2-37,2-57

う
ウ・オッタマ　2-29
内田良平（うちだ りょうへい）2-52
梅屋庄吉（うめや しょうきち）2-47,2-52,2-53,2-57

え
袁金鎧（えんきんがい）4-01
袁乃寛（えんだいかん）3-13

お
王一亭（おういってい）1-19,1-22,1-40,1-41,
　　1-42,1-44,1-45,1-46,1-47,2-54,3-01,
　　3-10,3-11
汪栄宝（おうえいほう）3-05
王闓運（おうがいうん）1-05,1-08
王侃（おうかん）2-01
王宜宣（おうぎせん）3-13

王正廷（おうせいてい）5-20
王先謙（おうせんけん）1-05,1-08
王巌煒（おうふつい）5-16
欧陽予倩（おうようよせい）5-30
大内暢三（おおうち ちょうぞう）3-04
大谷尊由（おおたに そんゆ）2-15
大橋忠一（おおはし ちゅういち）3-11
岡部長景（おかべ ながかげ）2-50,2-58,3-05,
　　3-06,3-07,3-08,3-12,3-13,3-14,4-07,
　　4-08,4-12
小幡酉吉（おばた ゆうきち）2-28
温世珍（おんせちん）5-22

か
岳維峻（がくいしゅん）5-08
片山正夫（かたやま まさお）3-04
金谷由太（かなや よした〔ゆうた〕）1-05
萱野長知（かやの ながとも）2-28,2-48,2-49,2-5
　　0,2-52,2-56,2-57
夏蓮居（かれんきょ）3-13
川崎万蔵（かわさき まんぞう）2-01,2-33
神田正雄（かんだ まさお）3-11

き
岸上謙吉（きしがみ けんきち）3-04
仇鰲（きゅうごう）2-33,2-38
許汝棻（きょじょふん）5-14
許世英（きょせいえい）5-10
許卓然（きょたくぜん）2-39
靳雲鵬（きんうんぽう）5-03

く
倉知鉄吉（くらち てつきち）2-01

け
巌智鐘（げんちしょう）3-04

こ
黄一鴎（こういちおう）2-01
黄興（こうこう）2-01,2-02,2-03,2-04,2-05
孔際庭（こうさいてい）3-13
黄自元（こうじげん）1-05,1-08
黄実（こうじつ）2-01
江朝宗（こうちょうそう）5-13
黄郛（こうふ）5-13
胡漢民（こかんみん）2-11,2-15
呉景濂（ごけいれん）5-18

177

呉子嘉（ごしか）3-13
古島一雄（こじま かずお）2-29,2-55
呉昌碩（ごしょうせき）5-31
小寺ふさ（こでら ふさ）2-51
後藤新平（ごとう しんぺい）3-01,3-02
胡敦復（ことんふく）3-04
呉佩孚（ごはいふ）5-04
小村捷治（こむろしょうじ）2-57
小室翠雲（こむら すいうん）4-08
伍連徳（ごれんとく）3-04

さ
齊燮元（さいしょうげん）5-06
酒井忠正（さかい ただまさ）3-13,3-14
堺与三吉（さかい よさきち）1-05

し
謝応瑞（しゃおうずい）3-04
謝持（しゃじ）2-01
周肇祥（しゅうちょうしょう）5-28
朱経古（しゅけいこ）3-13
朱伯籛（しゅはくせん）5-21
潤麒（じゅんき）4-13,4-17
蔣介石（しょうかいせき）2-52
章鴻釗（しょうこうしょう）3-04
蔣作賓（しょうさくひん）2-25
徐謙（じょけん）5-19
白岩龍平（しらいわ りゅうへい）
　　　　1-11,2-55,3-10,4-07
新城新蔵（しんじょうしんぞう）3-04
秦汾（しんふん）3-04

せ
清浄（せいじょう）1-32
瀬川浅之進（せがわ あさのしん）3-05

そ
宋蘊樸（そううんぼく）3-13
臧式毅（ぞうしきき）4-12
曹汝霖（そうじょりん）3-13
孫文（そんぶん）2-15,2-24

た
太虚（たいきょ）1-17,1-21,1-22,1-25,1-26,1-27,
　　　　1-28,1-30,3-01
戴天仇〔戴季陶〕（たいてんきゅう〔たいきとう〕）
　　　　2-30,2-33

高楠順次郎（たかくす じゅんじろう）1-36
高田道見（たかだ どうけん）1-01
田島岩平（たじま いわへい）1-11
段祺瑞（だんきずい）5-01

ち
張煥相（ちょうかんそう）3-15
張勲（ちょうくん）5-02
張群（ちょうぐん）2-52
張継（ちょうけい）2-26,2-27,2-28,2-29
張景恵（ちょうけいけい）4-04
張作霖（ちょうさくりん）5-09
張善孖（ちょうぜんじ）5-24,5-25
張季爰〔張大千〕（ちょうきえん〔ちょうだいせん〕）
　　　　5-24,5-25
趙鉄橋（ちょうてつこう）2-01
張鳴岐（ちょうめいぎ）3-13
褚民誼（ちょみんぎ）5-31
陳延傑（ちんえんけつ）3-13

つ
筑紫熊七（つくし くましち）4-04
佃信夫（つくだのぶお）2-29,2-37,2-50,2-52,
　　　　2-57,4-07
坪上貞二（つぼがみ ていじ）3-06,3-11

て
丁鑑修（ていかんしゅう）4-08
鄭恵南（ていけいなん）3-13
鄭孝胥（ていこうしょ）4-01,4-04,4-05,4-06,4-07
鄭貞文（ていていぶん）3-04
丁文江（ていぶんこう）3-04
寺尾亨（てらお とおる）2-01,2-12,2-15,2-33
傅増湘（でんぞうしょう）3-13

と
道階（どうかい）1-31
湯中（とうちゅう）5-17
頭山立助（とうやま りゅうすけ）2-54
頭山満（とうやま みつる）2-01,2-12,2-19,
　　　　2-28,2-29,2-37,2-42,2-43,2-44,2-45,2-49,
　　　　2-50,2-52,2-53,2-54,2-55,2-56,2-57,3-10,
　　　　4-07,4-13,4-14
頭山峰尾（とうやま みねお）2-37,2-56,2-57
床次竹次郎（とこなみ たけじろう）
　　　　2-55,3-10,4-13

な
内藤湖南（ないとう こなん）3-06,4-01,4-04
長岡護美（ながおか もりよし）1-01

に
任寿祺（にんじゅき）2-01

の
野満四郎（のま〔のみつ〕しろう）2-01

は
梅光羲（ばいこうぎ）5-11
柏文蔚（はくぶんい）2-14
馬振憲（ばしんけん）5-15
服部宇之吉（はっとり うのきち）
　　　　3-06,4-01,4-04,4-07
羽田亨（はねだ とおる）4-01
馬伯援（ばはくえん）2-49
浜田耕作（はまだ こうさく）4-01
林銑十郎（はやし せんじゅうろう）3-15
林出賢次郎（はやしで けんじろう）
　　　　4-01,4-02,4-03,4-04
林春雄（はやし はるお）3-04
坂西利八郎（ばんざい りはちろう）3-11

ひ
菱刈隆（ひしかり たかし）4-04

ふ
馮玉祥（ふうぎょくしょう）5-07
溥儀〔愛新覚羅溥儀〕（ふぎ〔あいしんかくら ふぎ〕）
　　　4-01,4-02,4-03
福間甲松（ふくま こうまつ）2-01
溥傑（ふけつ）4-13,4-17,4-18
藤井草宣（ふじい そうせん）1-17,1-21,1-29,2-50
藤瀬政次郎（ふじせ まさじろう）2-01
文元摸（ぶんげんぼう）3-04

ほ
ボース〈ラス・ビハリ・ボース〉2-57
宝熙（ほうき）4-01
方洛（ほうらく）5-29

ま
松崎鶴雄（まつざき つるお）1-05
曼殊（まんしゅ）1-33

み
宮崎民蔵（みやざき たみぞう）2-15,2-46
宮崎滔天〈寅蔵〉（みやざき とうてん〈とらぞう〉）
　　　　2-01,2-15
宮崎龍介（みやざき りゅうすけ）
　　　　2-12,2-15,2-29,2-52,2-56
宮嶋大八（みやじま だいはち）2-57
明覚（みょうがく）1-52

も
望月圭介（もちづき けいすけ）2-55

や
矢田七太郎（やだ しちたろう）4-06
柳川華吉（やながわ かきち）2-51
柳原燁子〈白蓮〉（やなぎはら あきこ〈びゃくれん〉）
　　　　2-56
山崎直方（やまざき なおかた）3-04
山科多久馬（やましな たくま）2-01
山本安夫（やまもと やすお）2-01

よ
葉恭綽（ようきょうしゃく）5-12
葉徳輝（ようとくき）1-09
楊宣誠（ようせんせい）2-40
余巌（よげん）3-04
芳沢謙吉（よしざわ けんきち）3-06
慶松勝左衛門（よしまつ しょうざえもん）3-04

ら
羅振玉（らしんぎょく）4-01

り
李孝元（りこうげん）3-13
劉永謙（りゅうえいけん）3-13
劉紀文（りゅうきぶん）2-52
劉祖章（りゅうそしょう）2-01
廖仲愷（りょうちゅうがい）2-11,2-15
林伯生（りんはくせい）3-15

れ
黎元洪（れいげんこう）1-39

ろ
盧永祥（ろえいしょう）5-05

179

掲載写真一覧

【第1章：水野梅暁と仏教】

番号	写真タイトル	年代	種類	備考
1-01	〔青松寺前における集合写真〕	1902年か	鶏卵紙	写真台紙にある「明治廿七年」は誤記
1-02	明治四十三年拾二月廿五日 雲鶴軒落慶式来賓	1910年12月25日	鶏卵紙	
1-03	〔雲鶴軒全景〕	1910年か	鶏卵紙	
1-04	〔雲鶴軒全景〕	1910年か	鶏卵紙	
1-05	水野梅暁軒主 雲鶴軒にて 長沙の碩学と共に	1910年か	鶏卵紙	
1-06	青年僧 水野梅暁 在長沙	1900年代	鶏卵紙	
1-07	〔長沙における水野と少年僧ほか〕	1900年代	鶏卵紙	
1-08	〔長沙の碩学と水野〕	1900年代	鶏卵紙	
1-09	〔葉徳輝〕	1900年代	鶏卵紙	
1-10	〔長沙における水野〕	1900年代	鶏卵紙	
1-11	明治三十七年七月一日紀念	1904年7月1日	鶏卵紙	
1-12	〔漢口における水野と海軍将校〕	1900年代	鶏卵紙	
1-13	〔漢口における水野と海軍将校〕	1900年代	鶏卵紙	
1-14	〔長沙 開福寺山門〕	1900年代	鶏卵紙	
1-15	中華民国二年六月十日中日仏教聯合会発起攝影於象房橋観音寺	1913年6月10日	ゼラチンシルバー	
1-16	〔幽冥鐘〕	1925年か	ゼラチンシルバー	
1-17	〔幽冥鐘前における東亜仏教大会参加者〕	1925年11月	ゼラチンシルバー	
1-18	癸亥秋九月 中国協済日災義振会 撮影	1923年9月	ゼラチンシルバー	
1-19	〔幽冥鐘前の水野と王一亭〕	1925年か	ゼラチンシルバー	

1-20	大阪中華民国北帮商務総会僧俗聯合歓迎会撮影	—	ゼラチンシルバー
1-21	世界仏教聯合会甲子年代表撮影	1924年	ゼラチンシルバー
1-22	東亜仏教大会発会式	1925年11月1日	ゼラチンシルバー
1-23	京都公会堂前の中華民国代表	1925年11月11日	ゼラチンシルバー
1-24	〔京都公会堂における茶話会〕	1925年11月11日	ゼラチンシルバー
1-25	〔京都公会堂における太虚講演〕	1925年11月11日	ゼラチンシルバー
1-26	〔太虚〕	1925年11月か	ゼラチンシルバー
1-27	乙丑秋赴東亜仏教大会於東至京都与梅暁師撮影紀念	1925年11月	ゼラチンシルバー
1-28	大正乙丑　東亜仏教大会　中華仏教代表記念　南禅寺敬贈	1925年11月9日	ゼラチンシルバー
1-29	一笑平和来　大正乙丑秋　恵存　清水寺良慶	1925年11月	ゼラチンシルバー
1-30	〔神戸祥福寺における水野、太虚ほか集合写真〕	1925年11月	ゼラチンシルバー
1-31	〔道階法師〕	1925年か	ゼラチンシルバー
1-32	〔清浄居士〕	1925年か	ゼラチンシルバー
1-33	〔曼殊法師〕	1925年か	ゼラチンシルバー
1-34	〔大蔵経書棚〕	1926年か	ゼラチンシルバー
1-35	〔大蔵経書棚〕	1926年か	ゼラチンシルバー
1-36	〔高楠順次郎〕	—	ゼラチンシルバー
1-37	中華仏教徒祖憲庭及和尚明善体安都甲文雄等在奉天萬寿寺内歓迎日本仏教団梅谷孝永水野梅暁等来奉赴京考察仏教紀念撮影　中華民国十五年十月五日	1926年10月5日	ゼラチンシルバー
1-38	蘇州官紳商学各界暨仏教会歓迎日本観光団紀念	1926年10月	ゼラチンシルバー
1-39	日本僧訪華紀念	1926年10月11日	ゼラチンシルバー

1-40	〔王一亭〕	1929 年	ゼラチンシルバー	
1-41	歓迎日本仏教観光団　撮影于静安寺以志紀念	1926 年 10 月	ゼラチンシルバー	
1-42	歓迎日本仏教観光団　撮影于静安寺以志紀念	1926 年 10 月	ゼラチンシルバー	
1-43	上海残疾院残疾人撮影	1926 年 10 月 19 日	ゼラチンシルバー	
1-44	〔水野、王一亭ほか会食写真〕	1926 年 10 月	ゼラチンシルバー	
1-45	水野梅暁居士恵存　時報撮贈　十五年十月　中央王一亭	1926 年 10 月	ゼラチンシルバー	
1-46	〔上海における王一亭と日本仏教団集合写真〕	1926 年 10 月	ゼラチンシルバー	
1-47	〔上海六三園における園遊会〕	1926 年 10 月	ゼラチンシルバー	
1-48	仏化教育社同人暨来賓歓迎日本仏教考察団撮影紀念　中華民国十五年十月	1926 年 10 月	ゼラチンシルバー	
1-49	〔上海丸で帰途につく仏教団一行〕	1926 年 10 月	ゼラチンシルバー	
1-50	阿育王寺歓迎撮影　中華民国十五年十月二十五日	1926 年 10 月	ゼラチンシルバー	
1-51	普陀済寺歓迎日本仏教団之撮影　中華民国十五年十月二十四日	1926 年 10 月	ゼラチンシルバー	
1-52	明覚方丈遺像	1926 年か	ゼラチンシルバー	

【第 2 章：水野梅暁と中国革命】

番号	写真タイトル	年代	種類	備考
2-01	日本総持寺陳英士先生追悼会写真　丙寅六月三日	1926 年 6 月 3 日	ゼラチンシルバー	
2-02	黄興（孫中山ノ同輩）	1910 年代	ゼラチンシルバー	
2-03	〔黄興遺体〕	1916 年	ゼラチンシルバー	
2-04	〔黄興遺体〕	1916 年	ゼラチンシルバー	
2-05	〔黄興遺体〕	1916 年	ゼラチンシルバー	
2-06	〔黄興葬儀〕	1916 年	ゼラチンシルバー	

2-07	〔黄興葬儀〕	1916年	ゼラチンシルバー	
2-08	〔黄興葬儀〕	1916年	ゼラチンシルバー	
2-09	〔黄興葬儀〕	1916年	ゼラチンシルバー	
2-10	〔黄興葬儀〕	1916年	ゼラチンシルバー	
2-11	〔黄興葬儀〕	1916年	ゼラチンシルバー	
2-12	黄興追悼会　於青松寺　昭和四年十二月	1916年11月17日	ゼラチンシルバー	写真台紙にある「昭和四年十二月」は誤記
2-13	黄興氏弔祭会	1916年11月17日	ゼラチンシルバー	
2-14	〔柏文蔚〕	―	ゼラチンシルバー	
2-15	〔孫文・水野・頭山ほか集合写真〕	1916年	ゼラチンシルバー	
2-16	〔増上寺における孫文慰霊祭〕	1925年5月9日	ゼラチンシルバー	
2-17	〔孫文慰霊祭の祭壇〕	1925年5月9日	ゼラチンシルバー	
2-18	〔孫文慰霊祭後の談話会〕	1925年5月9日	ゼラチンシルバー	
2-19	〔孫文慰霊祭における頭山満〕	1925年5月9日	ゼラチンシルバー	写真台紙にある「孫文一周忌法要」は誤記
2-20	中山紀念堂	1929年6月	ゼラチンシルバー	
2-21	〔中山紀念堂背面〕	1929年6月	ゼラチンシルバー	
2-22	〔中山紀念堂背面〕	1929年6月	ゼラチンシルバー	
2-23	〔中山紀念堂前の行列〕	1929年6月	ゼラチンシルバー	
2-24	〔孫文〕	―	ゼラチンシルバー	
2-25	〔孫文慰霊祭〕	1935年3月12日	ゼラチンシルバー	
2-26	〔張継〕	1929年か	ゼラチンシルバー	
2-27	〔張継〕	―	ゼラチンシルバー	

2-28	日友招待会	1929年9月15日	ゼラチンシルバー	
2-29	〔張継歓迎会〕	1929年9月9日	ゼラチンシルバー	
2-30	〔戴季陶〕	―	ゼラチンシルバー	
2-31	〔殷汝耕〕	―	ゼラチンシルバー	
2-32	〔殷汝驪〕	―	ゼラチンシルバー	
2-33	〔水野、殷汝耕、戴季陶ほか集合写真〕	1910年代か	ゼラチンシルバー	
2-34	〔殷兄弟と水野〕	―	ゼラチンシルバー	
2-35	〔水野・殷汝耕〕	1910年代か	ゼラチンシルバー	
2-36	〔殷汝耕・井上民恵〕	1917年か	ゼラチンシルバー	
2-37	〔水野、頭山ほか集合写真〕	―	ゼラチンシルバー	
2-38	〔仇鰲〕	―	ゼラチンシルバー	
2-39	〔許卓然〕	―	ゼラチンシルバー	
2-40	〔楊宣誠〕	―	ゼラチンシルバー	
2-41	慶祝国民政府建都南京大会紀念撮影　中華民国十六年五月十七日	1927年5月17日	ゼラチンシルバー	
2-42	〔頭山満〕	1929年	ゼラチンシルバー	
2-43	〔洋装の頭山満〕	―	ゼラチンシルバー	
2-44	根津先生拾七回忌法要紀念　昭和十八年二月拾八日	1943年2月18日	ゼラチンシルバー	
2-45	〔頭山、水野、お鯉ほか集合写真〕	1930年代	ゼラチンシルバー	
2-46	〔宮崎民蔵〕	―	ゼラチンシルバー	
2-47	〔梅屋庄吉〕	―	ゼラチンシルバー	
2-48	〔水野、萱野ほか〕	―	ゼラチンシルバー	

2-49	〔水野、頭山ほか集合写真〕	1930年	ゼラチンシルバー	
2-50	〔『支那時報』創刊3周年記念祝賀会〕	1927年10月	ゼラチンシルバー	
2-51	〔銀座の支那時報社前における水野、柳川ほか集合写真〕	1930年代	ゼラチンシルバー	
2-52	入京ノ夜	1927年10月23日	ゼラチンシルバー	
2-53	〔浙江省杭州訪問中の水野、頭山満、梅屋庄吉ほか集合写真〕	1929年6月	ゼラチンシルバー	
2-54	〔水野、頭山満、頭山立助、殷汝耕ほか集合写真〕	―	ゼラチンシルバー	
2-55	〔水野、望月圭介、床次竹二郎、頭山満、古島一雄、白岩龍平ほか集合写真〕	―	ゼラチンシルバー	
2-56	〔水野、頭山夫妻、萱野長知、柳原白蓮、宮崎龍介ほか集合写真〕	―	ゼラチンシルバー	
2-57	〔水野、頭山満、五百木良三、佃信夫、小村捷治、宮嶋大八、ボースほか集合写真〕	―	ゼラチンシルバー	
2-58	〔頭山満慰霊祭〕	1944年か	ゼラチンシルバー	

第3章：水野梅暁と中国外交

番号	写真タイトル	年代	種類	備考
3-01	対支五団体歓迎会	―	ゼラチンシルバー	
3-02	〔後藤新平〕	―	ゼラチンシルバー	
3-03	〔伊集院彦吉〕	―	ゼラチンシルバー	
3-04	東方文化事業上海委員会成立会紀念　中華民国十五年十二月六日	1926年12月6日	ゼラチンシルバー	
3-05	〔帝国学士院会館における東方文化事業総委員会〕	1926年11月20日	ゼラチンシルバー	
3-06	〔水野、内藤湖南、岡部長景ほか集合写真〕	1930年代か	ゼラチンシルバー	
3-07	昭和九年十月初八　北京飯店にて	1934年10月8日	ゼラチンシルバー	
3-08	〔水野、岡部ほか〕		ゼラチンシルバー	
3-09	昭和九年三月二十三日　闕鐸先生追悼会記念　於無私庵	1934年3月23日	ゼラチンシルバー	

番号	写真タイトル	年代	種類	備考
3-10	〔水野、王一亭、頭山満、床次竹二郎ほか集合写真〕	―	ゼラチンシルバー	
3-11	〔王一亭追悼会〕	1938年か	ゼラチンシルバー	
3-12	〔北京北海公園における水野・岡部〕	1942年	ゼラチンシルバー	
3-13	孔子二千五百年紀念発起籌備会合影　民国三十一年九月	1942年9月	ゼラチンシルバー	
3-14	〔帝国在郷軍人会塘沽新港分会入口前における集合写真〕	1942年9月12日	ゼラチンシルバー	
3-15	〔日満華興亜団体会集合写真〕	1942年10月	ゼラチンシルバー	

【第4章：水野梅暁と満洲】

番号	写真タイトル	年代	種類	備考
4-01	〔日満文化協会発足時における関係者集合写真〕	1933年10月17日	ゼラチンシルバー	
4-02	〔愛新覚羅溥儀〕	1930年代	ゼラチンシルバー	
4-03	〔林出賢次郎〕	1937年	ゼラチンシルバー	
4-04	〔水野、内藤湖南、張景恵、菱刈隆、鄭孝胥、服部宇之吉、筑紫熊七、林出賢次郎など集合写真〕	1933〜34年	ゼラチンシルバー	
4-05	〔鄭孝胥〕	1930年代か	ゼラチンシルバー	
4-06	〔水野、鄭孝胥ほか集合写真〕	1930年代	ゼラチンシルバー	
4-07	〔無私庵において来日中の鄭孝胥を囲む関係者〕	1934年3月30日	ゼラチンシルバー	
4-08	昭和九年岡部子爵小室翠雲氏一行丁満洲国交通大臣の招待に臨みたる記念撮影	1934年9月	ゼラチンシルバー	
4-09	〔奉天の崇謨閣における水野ほか〕	―	ゼラチンシルバー	
4-10	〔崇謨閣内の清実録か〕	―	ゼラチンシルバー	
4-11	〔影印本用に撮影した『清実録』〕	―	ゼラチンシルバー	
4-12	〔『清実録』を印刷する単式印刷株式会社を視察した臧式毅〕	1935年1月19日	ゼラチンシルバー	
4-13	〔鶴見総持寺における溥儀真影・真筆贈呈式〕	1933年11月12日	ゼラチンシルバー	

4-14	〔贈呈式における日本側関係者〕	1933 年 11 月 12 日	ゼラチンシルバー	
4-15	〔総持寺本堂〕	1933 年 11 月 12 日	ゼラチンシルバー	
4-16	〔総持寺本堂内の供養〕	1933 年 11 月 12 日	ゼラチンシルバー	
4-17	〔溥儀真影・真筆前の溥傑・潤麒〕	1933 年 11 月 12 日	ゼラチンシルバー	
4-18	〔言葉を述べる溥傑〕	1933 年 11 月 12 日	ゼラチンシルバー	
4-19	〔寄進によって作成された真筆扁額〕	1940 年 11 月	ゼラチンシルバー	
4-20	〔本堂に設置された真筆扁額〕	1940 年 11 月	ゼラチンシルバー	
4-21	〔真筆扁額の由来〕	1940 年 11 月	ゼラチンシルバー	

【第5章：水野梅暁と中国人脈】

番号	写真タイトル	年代	種類	備考
5-01	段祺瑞 段執政遺像及遺嘱	―	オフセット印刷	
5-02	〔張勲〕	1910 年代か	ゼラチンシルバー	
5-03	〔靳雲鵬〕	1910 年代か	ゼラチンシルバー	
5-04	〔呉佩孚〕	―	ゼラチンシルバー	
5-05	〔盧永祥〕	―	ゼラチンシルバー	
5-06	〔齊燮元〕	―	ゼラチンシルバー	
5-07	〔馮玉祥〕	―	ゼラチンシルバー	
5-08	〔岳維峻〕	―	ゼラチンシルバー	
5-09	〔張作霖〕	―	ゼラチンシルバー	
5-10	〔許世英〕	―	ゼラチンシルバー	
5-11	〔梅光羲〕	―	ゼラチンシルバー	

5-12	葉恭綽	—	ゼラチンシルバー	
5-13	〔江朝宗〕	—	ゼラチンシルバー	
5-14	〔許汝棻〕	—	ゼラチンシルバー	
5-15	〔馬振憲〕	—	ゼラチンシルバー	
5-16	〔王黻煒〕	—	ゼラチンシルバー	
5-17	〔湯中〕	—	ゼラチンシルバー	
5-18	〔呉景濂〕	—	ゼラチンシルバー	
5-19	〔徐謙〕	—	ゼラチンシルバー	
5-20	〔王正廷〕	—	ゼラチンシルバー	
5-21	〔朱伯籛〕	—	ゼラチンシルバー	
5-22	〔温世珍〕	—	ゼラチンシルバー	
5-23	〔黄郛〕	—	ゼラチンシルバー	
5-24	〔張善孖・張季爰〕	—	ゼラチンシルバー	
5-25	〔張善孖、張大千、水野ほか集合写真〕	—	ゼラチンシルバー	
5-26	〔支那名家書画展覧会看板前における記念写真〕	1927年5月	ゼラチンシルバー	
5-27	〔支那名家書画展覧会関係者集合写真〕	1927年5月	ゼラチンシルバー	
5-28	〔周肇祥〕	—	ゼラチンシルバー	
5-29	〔方洛〕	—	ゼラチンシルバー	
5-30	〔欧陽予倩〕	—	ゼラチンシルバー	
5-31	〔呉昌碩歓迎会〕	—	ゼラチンシルバー	

参考文献一覧　＊刊行・発行年順

【書籍】
高田道見編『天童小誌』（仏教館、1902 年）
峯玄光編『東亜仏教大会紀要』（仏教聯合会、1926 年）
水野梅暁『日本仏教徒訪華要録』（日本仏教聯合会、1928 年）
滬友会編『東亜同文書院大学史』（滬友会、1955 年）
松田江畔編『水野梅暁追懐録』（私家版、1974 年）
松田江畔『鳥居観音と水野梅暁』（鳥居観音、1979 年）
尚友倶楽部編『岡部長景日記』（柏書房、1993 年）
于凌波『中国近代仏教人物誌』（宗教文化出版社、1995 年）
釈印順編著『太虚法師年譜』（宗教文化出版社、1995 年）
張憲文・方慶秋・黄美真主編『中華民国史大辞典』（江蘇古籍出版社、2002 年）
沈文泉『海上奇人　王一亭』（中国社会科学出版社、2011 年）
熊本史雄『大戦間期の対中国文化外交―外務省記録にみる政策決定過程―』（吉川弘文館、2013 年）
尚友倶楽部・奈良岡聰智・小川原正道・柏原宏紀『岡部長景巣鴨日記』（芙蓉書房出版、2015）
藤谷浩悦『湖南省近代政治史研究』（汲古書院、2015 年）

【論文ほか】
入江昭「中国における日本仏教布教問題―清末日中関係の一断面」（『国際政治』28 号、1965 年）
阿部洋「「対支文化事業」の成立過程」（『教育史学会紀要』21 巻、1978 年）
山根幸夫「上海自然科学研究所について 対華文化事業の一考察」（『東京女子大学紀要論集』第 30 号 1 巻、1979 年）
中村義「水野梅暁関係資料調査」（『辛亥革命研究』第 5 号、1985 年）
柴田幹夫「水野梅暁と日満文化協会」（『仏教史研究』第 38 号、龍谷大学仏教史研究会、2001 年）
野村ひかり「王一亭と関東大震災」（『若木書法』6 号、國學院大學若木書法會、2007 年）
小羽田誠治「西湖博覧会における南洋勧業会の「記憶」」（『人文社会科学論叢』22 号、宮城学院女子大学、2013 年）
陶德民・藤田髙夫「内藤書簡研究の新しい展開可能性について 満洲建国後の石原莞爾・羅振玉との協働を例に」（『関西大学東西学術研究所紀要』第 47 号、2014 年）
井上桂子「鶴見総持寺「黃君克強之碑」の背景：黄興、滔天両家族の心情交流の結実」（『国際文化表現研究』10 号、2014 年）
菊地隆雄「「満洲」の文芸を支えた人々　松崎鶴雄・杉村勇造と水野梅暁」（『国文鶴見』49 号、2015 年）
広中一成「日本の中国侵略と水野梅暁」（『愛知大学国際問題研究所紀要』146 号、2015 年）
広中一成・長谷川怜「水野梅暁・藤井草宣関係史料の調査と保存」（『愛知大学国際問題研究所紀要』146 号、2015 年）
藤谷浩悦「水野梅暁と仏教革新運動―青年期の思想形成を中心に―」（『東京女子大学紀要』13 号、2016 年）

あとがき

　私たちと水野梅暁の関わりは2012年に始まった。この年、私たちは藤井草宣が住職を務めた愛知県豊橋市の浄圓寺で、晩年の水野が藤井に形見として託した書簡類を目にした。その縁から鳥居観音に保管されていた水野の写真・書簡など大量の資料群にたどりつき、本書の作成に至った。

　原資料を所蔵する鳥居観音には、足かけ3年にわたって調査を受け入れていただき、またデータ化のために全写真を一時的に境内外へ持ち出すこと、そして本書への写真掲載をご許可いただいた。全面的なご協力に編者一同御礼申し上げる次第である。私たちが調査を開始した際の監司であった菊地智孝師は2015年に遷化された。完成した本書をお見せできなかったことはかえすがえすも残念である。

　本書ができあがるまでには、藤井宣丸氏（藤井草宣子息。浄圓寺前住職）をはじめ、多くの方々のお力添えをいただいた。とりわけ、川口泰斗氏は鳥居観音の窓口として資料借用等に際しても大変お世話になった。ここで改めてお礼を申し上げる。

　さらに、下記の方々、組織からは多くのアドバイスやご協力を賜った。ここに記してお礼申し上げる次第である。

　　愛知大学豊橋図書館、一般社団法人尚友倶楽部、上田和子、大野絢也、小野美里、
　　学習院大学史料館、菅原研州、東京都公文書館、長佐古美奈子、西山直志、
　　宮崎黄石、李朋

　　　　　　　　　　　　　　　　　　　　　　　　　　　　＊五十音順、敬称略

　本書は、水野梅暁の事績を遺された写真から辿るものであり、多岐にわたる水野の活動の全てを明らかにしたわけではない。水野については、まだ不明な部分も多く、その広範な人脈や旺盛な文筆活動については今後も史料の渉猟と調査が必要とされる。本書の成果が、今後の水野梅暁と日中近代史研究の発展に寄与できれば幸いである。

　最後になりますが、本書出版を引き受けて下さった社会評論社の松田健二社長、またきめ細かなスケジュール管理で本書を完成に導いて下さった編集部の板垣誠一郎氏にお礼申し上げます。

　　　　　　　　　　　　　　　　　　　　　　　　　　　　2016年3月25日

　　　　　　　　　　　　　　　　　　　　　　　　　　　　編著者一同

編著者略歴

広中一成
（ひろなか　いっせい）

1978年愛知県生まれ。愛知大学大学院修了。博士（中国研究）。現在、愛知大学国際コミュニケーション学部非常勤講師・愛知大学東亜同文書院大学記念センター客員研究員。専門は中国近現代史、日中戦争史。主要著書に『「華中特務工作」秘蔵写真帖：陸軍曹長』（彩流社、2011）、『ニセチャイナ—中国傀儡政権　満洲・蒙疆・冀東・臨時・維新・南京』（社会評論社、2013）、『語り継ぐ戦争—中国・シベリア・南方・本土「東三河8人の証言』』（えにし書房、2014）など。

長谷川怜
（はせがわ　れい）

1986年愛知県生まれ。学習院大学大学院博士後期課程在籍。現在、愛知大学東亜同文書院大学記念センター客員研究員・東京都公文書館専門員。専門は日本近現代史。主要著書に尚友倶楽部・長谷川怜編『貴族院・研究会写真集』（芙蓉書房出版、2013）、主要論文に「日露戦後の満洲経営と奉天商品展覧会」（『中国研究月報』68号、2014）、「満洲を旅した学生たち—旧制学習院の満洲修学旅行を事例として」（伊藤真実子ほか編『世界の蒐集—アジアをめぐる博物館・博覧会・海外旅行』山川出版社、2014）など。

松下佐知子
（まつした　さちこ）

1970年愛知県生まれ。神戸女子大学大学院博士後期課程満期退学。現在、愛知大学東亜同文書院大学記念センター客員研究員。主な論文に、「清末民国初期の日本人法律顧問—有賀長雄と副島義一の憲法構想と政治行動を中心として—」（『史学雑誌』第110編第9号、2001）、「日露戦後における満洲統治構想—有賀長雄『満洲委任統治論』の受容をめぐって—」（『ヒストリア』第208号、2008）、「有賀長雄の対外戦争経験と「仁愛主義」—日清・日露戦争—」（『年

《愛知大学東亜同文書院大学記念センターシリーズ》

鳥居観音所蔵　水野梅暁写真集

───仏教を通じた日中提携の模索

2016 年 3 月 25 日　初版第 1 刷発行

編著者　広中一成・長谷川怜・松下佐知子
発行人　松田健二
装　丁　中野多恵子
発行所　株式会社　社会評論社
　　　　東京都文京区本郷 2-3-10　TEL 03 (3814) 3861
印刷・製本　倉敷印刷株式会社